He Pā Auroa

A Dictionary and Language Guide for Students of Māori

IAN CORMACK

NEW HOUSE PUBLISHERS LTD

Published by:

New House Publishers Ltd
P O Box 33-376
Takapuna
Auckland
New Zealand
Phone 09-410 6517 *Fax* 09-410 6329
Website http://www.newhouse.co.nz

ISBN 1-86946-206-8

First published 2000

Reprinted 2000, 2001, 2002(twice)

Printed in China

Cover design — Brenda Cantell

Artwork — John Forster

CONTENTS

$\mathcal{I}$NTRODUCTION

This introductory dictionary for students of Māori is based on vocabulary for the first three levels of the textbook series *Te Ia Reo*, with the addition of various other words of interest.

The conventions for the **dictionary lists** are few and simple.

meaning in plain text

commentary or references in *italic*

headword in **bold**

mā and (*joining numerals*)
mā and others, and the rest
mā for (*see table on page 92*)
mahi (-**a**, -**tia**, -**ngia**) work, make, do; job, work

passive forms given for verbs

comma separates alternative meanings

semi-colon separates different parts of speech in this order: verb; noun; adjective; adverb

The section of **thematic lists** groups together related words from the main body of the dictionary. Additonal high interest words have also been introduced. Once you are familiar with the themes and their subheadings, you will find these lists very useful to refer to and to expand your vocabulary.

The **guide to grammar and structures** gives explanations and examples for some of the most common elements of Māori grammar. A section on word building gives guidelines on basic ways in which words can be built from root words and prefixes.

We hope that this book will be a valuable reference for students of Māori. We welcome your comments on this first edition and look forward to your suggestions for developments and improvements in future editions.

DICTIONARY

MĀORI-ENGLISH

ā and (*when joining a series of actions together*)

a of, belonging to (*see page 83*)

ā *shows the action is in the future*

a *used to refer to:* (1) *place names, e.g.* **he tāone nui a Tāmaki-makau-rau** Auckland is a big city; (2) *people – names and pronouns, e.g.* **kei te kōrero a Maata** Maata is talking, **kei te kōrero a ia** she is talking

ā kōrua your ('*you two*')(*see tables on page 89*)

ā koutou your ('*the three or more of you*') (*see tables on page 90*)

ā mātou our ('*us – me and them*') (*see tables on page 90*)

ā māua our ('*us two – me and her/him*') (*see tables on page 89*)

ā muri afterwards (*in the future*)

ā muri ake nei in the future

ā rātou their ('*the three or more of them*') (*see tables on page 90*)

ā rāua their ('*the two of them*') (*see tables on page 89*)

ā tātou our ('*us all – me and two or more of you*') (*see tables on page 90*)

ā tāua our ('*us two – me and you*') (*see tables on page 89*)

ā te tau e heke mai nei next year

ā tērā next, the coming …

ā tērā tau next year

ā tōna wā in time, in its own time

āe yes

āe hoki yes indeed

aha what

ahakoa although, despite

ahau I, me

ahiahi afternoon, evening

ahiahi pō evening

āhua looks, appearance, shape, form

āhua fairly, rather, somewhat

āhua o te rangi weather

āhuatanga event, happening, aspect, circumstance

ahurea culture

ahurei unique

Ahuriri Napier

āhuru comfortable

ahuwhenua farming, agriculture

āianei soon, now (*within the next few moments*)

āianei nā now, in a minute

aihikirīmi ice-cream

āinei now, in a minute (*Northern dialect*)

aka vine

ake from below, upwards

ake own; self

Āketina Argentina

ako (**ākona, akotia, akongia**) learn

ākonga student, pupil

ākonga whakawhiti exchange student

aku my (*see tables on page 89*)

āku my (*see tables on page 89*)

ākuanei soon, presently

Akuhata August

Amerika ki te Tonga South America

amiorangi satellite

amuamu (**-tia**) grumble, complain

ana her, his (*see tables on page 89*)

āna her, his (*see tables on page 89*)

anā there (it is) (*near listener*)

āna yes (*Wanganui, Taranaki dialect*)

anāianei now, in a minute

anake only, alone

anei here (it is) (*near speaker*)

ānini dizzy, giddy

anō *adds emphasis to the word it follows, e.g.* **ki a koe anō tēnā pukapuka** *you* keep that book

anō again

ao world

ao hurihuri changing world

Aotearoa whānui throughout New Zealand

Aperira April

āpiha officer

āpōpō tomorrow

āporo apple

ara path, way, road

arā there (it is) (*over there – away from speaker and listener*)

arā that is, namely, so to say

ara pahi bus route

Aranga Easter

ārani orange

ararewa lift, elevator

arawhata ladder

arewhana elephant

aro (-hia, -tia, -ngia) (ki) interested (in)

aroha (-ina) (ki) feel love (for), pity, feel sorry (about)

aroha ana sorry about that, how sad

ā-rohe regional

ata morning

ātaahua beautiful, pretty, good-looking

atatū (*the time just after*) dawn

atu *indicates direction away from the speaker or person performing the action*

au I, me

āu your (*'you – one person'*) (*see tables on page 89*)

aua the, those (already mentioned)

aua hoki I don't know

auaha innovative, creative

auahi smoke

auē *exclamation of astonishment or distress*

autāne brother-in-law (*of a woman*)

auwahine (*plural* **auwāhine**) sister-in-law (*of a male*)

awa river

āwangawanga (-tia) worry, be anxious

awatea day, daylight

Awherika ki te Tonga South Africa

awhi (-tia) embrace, hug

awhiawhi (-tia) cherish, look after

āwhina (-tia) help, assist, aid

e *used before numbers 2-9 when counting specific objects*

e *used to introduce exclamations*

e *used: (1) before commands of one or two syllables, e.g.* **e noho**; *(2) when addressing someone with a name or term of address of one or two syllables, e.g.* **e Rangi**, **e hoa**

e ... ana *shows continuing action; see page 94*

e hia (*dialect variation* **e whia**) *how many*

e hika *exclamation of surprise*

e hine *term of address to a girl, a young woman, a daughter, or a niece*

e kara *Tai Tokerau term of address to an older man*

e kī *exclamation of surprise*

e kī rā *exclamation of surprise*

e kō *term of address to a girl or young woman*

e koro *term of address to an older man*

e kui *term of address to an older woman*

e mā Mum (*term of address*)

e mara *exclamation of surprise*

e mara mā *general term of address used in Tai Tokerau*

e noho rā goodbye (*to a person staying*)

e pā sir (*term of address*)

e pā ana about, concerning

e pēhea ana ... *how is/are ...*

e tā *exclamation of surprise*

e whae Mum (*term of address*)

ehara is/are/was/were … not …

ēhea which (ones)

eke (-a) climb up, get into (*a vehicle*)

eke (-a) pahikara cycle, ride a bicycle

ēnā those (*near listener*)

ēnei these (*near speaker*)

engari but

ērā those (*over there – away from speaker and listener*)

ētahi (*dialect variation* **ētehi**) some (*of a group*)

ētahi … ētahi … some … others …

hā taste

haere (-a, -tia, -ngia) go

haere mai (*dialect variation* **haramai**) come

haere mai (*expression*) welcome, come here

haere rā goodbye (*to a person going*)

haere tahi go with, accompany

haere whakangahau go on a trip; trip

hāereere stroll

haerenga coming, going

Haina China

Hainamana Chinese

Hakihea December

hākinakina game, sport

hāmama open-mouthed

hamarara umbrella

hamipēka hamburger

Hāmoa Samoa

hanawiti sandwich

hanga fairly, rather, somewhat

hanganga creation

hangarau technology

hangarau kai food technology

Hānuere January

hao (-na) fish (with a net)

haora hour, o'clock

Hapanihi Japanese

hapū subtribe; be pregnant

hararei holiday

Haratua May

harawene jealous

hari joy, happiness, gladness; happy, glad

hari (-a) take, bring, carry

haruru sound, roar

Hātarei Saturday

hāte shirt

hau wind, gas

hauangi cool

hauāuru west

haukāinga home place, real home

haumāori natural gas

hāunga besides, apart from

hauora health

haupōro golf

haurua mai i half past (the hour)

hauwhā ki quarter to (the hour)

hauwhā mai i quarter past (the hour)

hāwhe pāhi i half past (the hour)

he a, some

he aha what (is/are)

he nui there is/are enough/sufficient

he nui atu (there are) a lot more

he ruarua noa iho only a few

he tika tāu you're right, you're correct

hea (*dialect variation* **whea**) where

hei as (a), for

hei *shows location in the future, e.g.* **hei konei ia āpōpō** he will be here tomorrow

hei aha never mind

hei kai hauora for healthy eating

hei konei rā goodbye (*to a person staying*)

hei konā rā goodbye (*to a person staying, used in letters and phone calls*)

heke (-a, -tia, -ngia) come down, descend, climb down

hekenga migration

heketua toilet pan

hēki egg

hēkona second (*time*)

hemo die

heneti cent

heoi however, but

heoi anō well, nevertheless, so

Hepetema September

Here-turi-kōkā August

herewī celery

hī (-a) fish (with a line)

hia *see* **e hia, kia hia**

hiahia (-tia) want, need

hiainu thirsty

hiakai hungry

hiki (-tia) lift, lift up

hikinga lifting

hīkoi (-tia) walk, march

hiku tail

hīmene hymn

hine girl, daughter

hinga fall (over)

Hingapō Singapore

hinu fat

hinu kueo saturated fat

hirikakā chilli (pepper)

hīti sheet

hoa friend

hoa rangatira partner, husband, wife

hoahoa (-tia) design

hoatu give (*away from the speaker*), add

hoatu (you) go ahead (*said when speaker will follow after*)

hōhā (ki) tired (of), sick (of)

hōhipere hospital

hōhipere-ā-rohe regional hospital, base hospital

hōia soldier

hōiho horse

hoki also, too, as well

hoki (-a) return, go back

hōki hockey

hoko (-na) buy, sell

hōmai give (*towards speaker*)

hongere channel (*television*)

hongi (-hia) greet (with a hongi), sniff

Hongipua Hong Kong

Hōngongoi July

hononga connection

hopuni camp

hopuni ope taua military camp

hora (-hia) spread out

hōro hall

horoi (-a, -ngia) wash, clean

horopuehu (-tia) vacuum; vacuum cleaner

hōtiti sausage

hou (*dialect variation* **hōu**) new

hotuhotu sob; sobbing

hū shoe

hua fruit, benefit

hua kiwi kiwifruit

hua rākau fruit (*of a tree*)

hua whenua vegetable

huānga relations (*by blood*)

huarahi road, street

huarahi matua main road

huarere weather

huhua many, abundant

hui (-a) meet, gather; meeting, gathering

Hui-tanguru February

huka sugar

hunaonga daughter/son -in-law

Hune June

hunga crowd, group

hungarei father/mother -in-law

9

hura kōhatu unveiling (*of a headstone*)

Hūrae July

huri (-hia) turn, change

huruhuru hair

i along

i at, by (*marks location in the past*)

i *before a noun or pronoun marks the object of an action, e.g.* **kei te kawe ia i te pouaka rahi** he is carrying the large box

i from (*after an action*), *e.g.* **kua puta mai te tamaiti i te whare** the child has come out of (from) the house

i *shows action happened in the past; see page 93*

i ētahi wā sometimes

i muri (mai) after, afterwards

i nāia tonu nei right now

i nāianei (*or* **ināianei**) now

i nanahi (*or* **inanahi**) yesterday

i napō (*or* **inapō**) last night

i ngā rā o mua in the past

i ngā wā katoa always

i te mata o te whenua throughout the country

i te tau kua taha ake last year

i tērā last (*in time phrases*)

i tērā atu tau the year before last

i tērā pō last night

i tērā tau last year

ia he, she

ia ..., ia ... each

iho from above, downwards, down

ihu nose

ika fish

ikura roro stroke (*medical condition*)

ingoa name

inu (-mia) drink

ipu container, vase, bucket, bin

irāmutu nephew, niece

ita firm, fixed

iti small

iwa nine

iwi tribe, people

iwi kāinga hosts, home people, people of the place

ka *indicates an action that has begun; also used to list a series of actions — past, present or future, depending on the context; see page 93*

ka kino tō pai you're really good at it

ka kite (anō) see you (again, later)

ka mau te pai o ... is neat, is really good

ka rawe hoki neat, great, excellent

ka tika tēnā that's correct

kaha strong, energetic, good at

kahawai kahawai (*species of fish*)

kāheru spade

kāhore no, not

kahu kautere life jacket

kahupiri leotard, skin-tight clothing

kahurangi blue, precious

kai- *prefix used to make a word for a person engaged in a particular activity; see page 102*

kai (-nga) eat; food

kai ahiahi evening meal, dinner

kai hikareti smoke (cigarettes)

kai hokohoko takeaways

kai paipa smoke (cigarettes)

kai paraurehe junk food

kai taru kino take drugs

kai tina eat/have lunch

kaiahuwhenua farmer

kaiaka athletics

kaiako teacher

kaihoko seller, salesperson

kaihōpara explorer

kaihoro eat fast; glutton

kaikā eager, keen

kaikape hooker (*rugby*)

kaikōrero speaker

kaimahi worker

kaimahi-ā-iwi social worker

kāinga (*dialect variation* **kāenga**) home

kaipūkaha engineer

kaitaka rongoā pharmacist, chemist

kaitākaro player, participant

kaitoa it serves you/him/… right

kaitoko tēkehi taxi driver

kaituhi writer, author

kaituhi kaute accounts clerk

kaituku mahi employer

kaiwhakaako coach, teacher

kaiwhakangahau entertainer

kaiwhakarato kai waiter, waitress

kaiwhakarite uhunga funeral director

kaiwhakatāpoi tourist

kaiwhakawā judge

kaiwhakawā o te kōti mō ngā tūpāpaku coroner

kaka dress, frock

kākahu clothes, dress, frock

kākahu kaukau swimsuit

kakara sweet smell

kakī neck

kāmera ataata video camera

kamokamo (*dialect variation* **kumikumi**) *type of vegetable similar to a small marrow*

kamupene company

kāmura carpenter

kanapa shining, polished, sparkling

kanohi face

kāore no, not

kāore … e pai ki … … don't/doesn't like …

kāore au i te mārama ki … I'm not clear about …

kāore e kore no doubt, doubtless

kāore he take o … is/are/was/were useless

kāpata cupboard

kāpeti cabbage

kapo (-hia) snatch, grab

kāpō blind

kapu tī cup of tea

kapua cloud

karaka clock, hour; o'clock

karakia (-tia) pray, say prayers; prayer, incantation

karanga relation (*by blood*)

karanga (-tia, -hia) call

kararehe animal

kare heater

kāreti carrot

kāreti college

karu eye

kata (-ina) laugh

kātahi anō … ka … for the first time, it's the first time that …, … has/have just

katakata (-ina) laugh (*repeatedly*)

kāti enough of that, stop (doing that)

kāti noa well then

kati ūhanga goal keep (*netball*)

katoa total (*amount, number*); all, every, complete, full; completely

kaua e … don't (*plus verb*)

kaua e pēnā don't be like that

kauae (*dialect variation* **kauwae**) jaw

kauaemua eldest (*child, brother, sister*)

kauaeraro youngest (*child, brother, sister*)

11

kauaro forward (*position in team sports*)

kauhoe (-tia) swim; swimming

kaumanga bath

kaumātua elder (*male or female – term of respect*)

kaunihera council

kaunihera-ā-rohe regional council, district council

kaupapa purpose, theme

kaupapa ako (school) subject

kaupapa kōrero topic

kaupeka season

kāwanatanga government

kawe (-a) take, bring, carry

kawhe coffee

kāwhena coffin

kē already

kē but, on the contrary, instead

kei at, by (*marks location at the present time*)

kei lest , in case, or else (*used to caution*)

kei te *shows action is in the present; see page 93*

kēne can

kēti gate

ki at, to, according to

ki with (*an object*)

kī (-a) say, tell

ki a au nei as far as I'm concerned

ki mua ago

ki te … if

ki taku rongo (according to) what I've heard

ki tōku mōhio as far as I know

kia be (*command*)

kia hia? how many (do you want)?

kia mau ki … keep to, stick to, retain (*command*)

kia ora greetings, hello, thank you, congratulations, I agree

kia ora rawa atu thanks very much

kīhai no, not (*used to negate a past sentence that has i as a tense indicator*)

kīhini kitchen

kikorangi blue

kimi (-hia) seek, look for (*with the eyes*)

kino bad

kīnaki relish (*refers to a song that complements or gives relish to a speech*), sauce, chutney

kiore rat, mouse

kirikiti cricket (*sport*)

kite (-a) see, find, discover

ko *used to identify or specify someone or something*

kō atu the far side (*of a distant object or place*)

kō mai this side (*of a distant object or place*)

ko tātou katoa kei tēnā we all agree with that

koa happy, pleased

koa please (*request*)

koanga spring (*season*)

koata ki quarter to (*the hour*)

koata pāhi i quarter past (*the hour*)

koe you (*one person*)

kōhanga reo language nest (*early childhood centre for Māori language immersion*)

kohete (-tia) scold, tell off

kohi (-a) gather, collect

Kohi-tātea January

kōhua pot, saucepan

koia that is, that's

koinā that's it, I agree

koinei this is, these are

koma comb

komiti committee

konā … is/are there (*near listener*)

konei … is/are here (*by speaker*)

konutai sodium

korā … is/are there (*over there – away from speaker and listener*)

kore utu free (*of cost*)

kōrere tap

kōrero story

kōrero (-tia, -hia, -ngia) speak, say, tell, talk

kōrero (-tia, -hia, -ngia) paki tell jokes, tell stories, yarn

kōrero-ā-whatu to read (*silently*)

kōrero (-tia, -hia, -ngia) **pukapuka** read

kōrero o mua (*usually plural*) history

kōrero o neherā (*usually plural*) history, stories from the past

kōrero waea phone call

kōrerorero (-tia, -hia, -ngia) discuss

kori tīraurau tea bag

koropupū boil

kōrua (*dialect variation* **kōurua**) you (*two people*)

kotahi one (*when counting specific things*)

koti coat

kōti court (*of law*)

Kotirana Scotland

kōtiro girl, daughter

koutou you (*three or more*)

kōwae ako module (*educational*)

kōwhai yellow

kua *shows recently completed action; see page 94*

kua pahure ake nei just past

kua tata ... te ... be about to, nearly, on the point of

kūaha (*dialect variation* **kūwaha**) door, doorway

kuhu (-na, -tia, -ngia) enter, go into

kuia old lady/woman (*term of respect*), grandmother

kūmara (*dialect variation* **kūmera**) kumara, sweet potato

kumu bottom, behind, backside

kupu word

kura school, course

kura teitei high school

kura tini polytechnic

Kura Tiwhikete School Certificate

kura tuatahi primary school

kurī dog

kuru ūhanga goal shoot

mā and (*joining numerals*)

mā and others, and the rest

mā for (*see table on page 92*)

mā white, clean

mā raro by foot, on foot

mā runga by means of (*transport*)

Maehe March

maero milo

mahana warm

māhanga twin

mahara (-tia) remember, think

māharahara (-tia) worry

mahi (-a, -tia, -ngia) work, make, do; job, work

mahi kāinga homework

mahi kaute accounting

māhunga head

Mahuru September

mai *indicates direction towards or connection to the speaker or person performing the action*

mai i ... tae noa ki ... from ... to/until ...

māia bold, brave, confident

maikuku fingernail, toenail

maita bowl, bowls

maita tekau pine ten pin bowling

makariri cold (*weather, feeling cold*)

makau favoured, favourite

makawe hair

makere drop (*verb*)

makimaki monkey

Makitānara McDonald's

mākona full (*stomach*)

māku for me (*see table on page 92*)

mākū wet

māmā easy, light

mamae sore, painful

mana power, prestige

māna for him, for her (*see table on page 92*)

manaaki (-tia) show respect for, look after

manawa-hē heart attack, cardiac arrest

manawanui patient, steadfast

Mane Monday

mano thousand

manomano million

manu bird

manuhiri visitor, guest

māngai mouth

mangu black (*living things*)

Mangu Katoa All Black

maoa (*dialect variation* **maoka**) cooked

mapi map

māra garden

marae *open space in front of meeting house, general area containing meeting house and other buildings*

marama month, moon

maramara rīwai (potato) chips

maramataka calendar

marau (school) subject

mārena (-tia) marry

mārenatanga marriage

mārō firm, hard

maroke dry

mata face, surface

mātai matawhenua geography

mātakitaki (-tia) watch

mātakitaki taonga whakaata to watch tv

mataku be afraid

mātāmua eldest (*child*), firstborn

mātāmuri last child (*in a family*)

mātao cold (*of food*)

matapihi window

matatini complex

mātau knowledgeable

matau right (*hand*)

mātauranga ahupūngao physics

mātauranga koiora biology

mātauranga matū chemistry

mātauranga taka rongoā pharmacology (*subject*)

mate die; dead, sore, sick

mate ngau cancer

mate i te kai hungry, starving

matekai hungry, starving

matemate die (*a number of deaths occurring at different times*)

matenga head

matenga death

matewai thirsty

matihao finger

mātou we, us (*they and I*)

matua (*plural* **mātua**) father, parent

matua main

matua kē stepfather

matua kēkē aunt, uncle

māu for you (*see table on page 92*)

mau wearing (*clothes*)

mau ki hold onto, retain, remain at

māua we, us (*he/she and I*)

mauī left (hand)

maumahara (-tia) remember

maunga mountain

me and, with

me he ... let it be ...

me kī that is (to say), I should say

me te kata and laughed, with laughter

mea (-tia) say, ask; thing

Mei May

mema member

mema pāremata Member of Parliament, MP

meneti minute

miere honey

mīharo (-tia) amaze; marvellous, amazing

mihi (-a) greet; greetings

mīhini ātea video game machine

miraka milk

miraka tepe yoghurt

mirihau windsurfing

miriona million

mita metre

mīti meat

mō for, about (*see page 91*)

moana sea

Moana-nui-a-Kiwa (Te) Pacific Ocean

moata early (*in the morning*)

moe (-a) sleep, marry

moenga bed

moeroa sleepyhead

mōhio (tia) know

mōhio tonu know straightaway

moka tāone suburb

mōkai pet

mokemoke lonely

moko tuauri dinosaur

mokopuna grandchild

mōku for me, about me (*see table on page 92*)

momo type, kind, sort

mōmona fat

mōna for her/him, about her/him (*see table on page 92*)

moni money

motokā car

motu island (*close to the mainland*)

mōu for you, about you (*one person*) (*see table on page 92*)

moua mower

moutere island (*not close to mainland*)

mua before, in front of

muku rubber, eraser

muri after, behind

mutu ended, finished

mutunga end, conclusion

nā belonging to (*see table on page 90*)

nahanaha neat, tidy, in order

naihi knife

nāku my, mine (*see table on page 90*)

nama fees

nāna his, her, hers (*see table on page 90*)

nanawe excited

nati nut

nāu your, yours (*one person*) (*see table on page 90*)

nau mai welcome

nāwai after a while, presently, in due course

nāwai i roa after a while

nē isn't that right/so (*seeking confirmation from listener*)

neke (-hia) move, shift

netipōro netball

nō belonging to, from (*see table on page 90*)

nō/nā reira so, therefore

nō/nā te mea because

noa iho only, quite

Noema November

noho (-ia) live, remain, sit, stay

noho (-ia) pouaru live as a widow/widower

noho mai rā goodbye (*to a person staying*)

nōku my, mine (*see table on page 90*)

nōna his, her, hers (*see table on page 90*)

nōu your, yours (*one person*) (*see table on page 90*)

nui big, important, large, many, enough, lots of

NG

ngā the (*plural*)

ngā mihi o te pō good evening

ngahau lively

ngahere bush, forest

ngahuru autumn

ngākaunui (ki) keen (on), proud (of), looking forward (to)

ngaki (-a) weed

ngakototo cholesterol

ngana try, persist

ngaro missing, lost, disappear

ngaruiti microwave oven

ngātahi together

ngāwari easy, gentle, kind, soft

ngenge tired

ngere disappointed

ngeru cat

ngohengohe soft

ngoikore weak

ngongowai hose

ngunguru (-tia) sigh, utter a supressed groan

O

o of, belonging to (*see table on page 83*)

ō your (*one person*) (*see table on page 89*)

ō ki roto fit into

ō kōrua your (*'the two of you'*) (*see table on page 89*)

ō koutou your (*'the three or more of you'*) (*see table on page 90*)

ō mātou our (*'us – me and two or more of them'*) (*see table on page 90*)

ō māua our (*'us two – me and her/him'*) (*see table on page 89*)

o mua former

ō rātou their (*'the three or more of them'*) (*see table on page 90*)

ō rāua their (*'the two of them'*) (*see table on page 89*)

o te motu national

ō tātou our (*'us all – me and the two or more of you'*) (*see table on page 90*)

ō tāua our (*'us two – me and you'*) (*see table on page 89*)

ohaoha economics

oho (-tia) wake up

ohorere wake up suddenly, wake up with a start

Oketopa October

okioki (-ngia, -tia) rest

oko horoi washbasin

ōku my (*see table on page 89*)

oma (-kia) run

omaoma running (*race*)

ōna her, his (*see table on page 89*)

one beach

ono six

ope group (*of people*)

ora health, well-being; well, alive

ōrite same

otaota weeds

Ōtepoti Dunedin

oti finished, completed

otirā but

ōu your (*one person*) (*see table on page 89*)

pae form (*school*), level

Paenga-whāwhā April

paetaha sideline

pahi bus

pahure (-tia) pass by

pai good, fine, well

pai like, *e.g.* **he pai ki a au te ḵauhoe** I like swimming

paihikara (*dialect variation* **pahikara**) bicycle

pakaru break down; broken

pakeke adult, grown-up

pākete packet

pāketi spaghetti, pasta

paki fine (*of weather*)

paki (-a, -tia) slap, hit

pakipaki (-tia, -ngia) clap, applaud

pakitara wall

pāmu farm

panana banana

pane monitor, screen (*computer*)

Paniora Spanish

pāngarau mathematics

pango black (*inanimate things*)

pānui (-tia) read out

pānuitanga advertisement

paoka fork

pāpā father, dad

papa floor

papa kāinga home (*the home you were brought up in*)

papa tākaro playing field, sports ground

papa tongarewa museum

papa tuhituhi blackboard

papahū aflame, bursting into flame

paraikete blanket

Paraire Friday

parakipere blackberry

parakuihi breakfast

parāoa bread

parāoa rimurapa pasta

parauri brown

Pare Waikato *name for the tribal district of Waikato*

parehe pizza

pārekareka enjoyable

pāreti porridge

paru dirty

pata butter

pata grain

pata kai cereal

pātai (-hia, -tia) to ask

pātaitai (-tia) ask (lots of) questions, inquire

patapatai (-tia) to ask (a series of) questions

pātī party

pātiki flounder (*species of fish*)

pātītī grass

pau used up, all gone, consumed

pau te hau, (kua) exhausted, worn out, out of breath

paukena pumpkin

paunga rāwhitu weekend

pea bear

pea pear

pea perhaps

pēhea how

pēhea ō kōrua whakaaro what do you (two) think

Peina Spain

pēke bag

pēke bank

peke (-a) jump

pene pen

pene hinu felt tip pen

pene rākau pencil

pepa pepper
pēpi baby
Pepuere February
pere bell
pereti plate, dish
pīata shining, polished, sparkling
pihikete biscuit
piki (-a) climb (up)
pikitia picture
pikitia whakakatakata comedy (*film*)
pine pin, peg
Pipiri June
pīrangi (-tia) wish, want, desire
piriota billiards
piro score a try
pīrori (-a,-tia) bowl (*ball*)
pō night,
poaka pig
pōhēhē (-tia) think (mistakenly)
poho chest, breast
poi ngohengohe softball
poi tūkohu basketball
poirewa volleyball
poiuka baseball
pokotaringa portable radio/tape/CD player
pona knee
Pōneke Wellington
pōraru confused
pōro ball
pōtae hat
pōtae mārō crash helmet, hard hat, safety helmet
poti boat
pōtiki youngest (*child in a family*)
poto short
poto nei te wā ka … it was a short time before
pōturi slow
pou irirangi aerial
poua grandfather (*southern dialect*)
pouaka box
pouaka whakaata television

pouaka whakamātao refrigerator
pouaru widow, widower
poupoutanga o te rā midday
pourewa tower
Pourewa Rangi Sky Tower
pōuri sad
Poutū-te-rangi March
pū lie in a heap
puare open
puia volcano
puka sheet of paper
pukapuka book
puke hill
pūkei (-tia) (*dialect variation* pukai (-tia)) stack; (a) stack
pūkenga skill(s)
puku stomach, belly
pukumahi hardworking, industrious
pune spoon
pūmanawa ability, talent
punua young (*of animals*)
punua kurī puppy
punua ngeru kitten
punua poaka piglet
puoto sink
pupuhi (pūhia) blow
pupuri (puritia) hold
pūrere machine
pūrere ataata video cassette player
pūrere horoi washing machine
pūrere horoi pereti dishwasher
pūrere whakamaroke kākahu clothes dryer
pūrini pudding
purotu attractive, handsome
puru (-a) put into (*an enclosed space*)
puruma (-tia) sweep, clean; broom
puta mai appear, come out
pūtaiao science
pūtea basket, income (*money*)
pūtea taurewa loan (*money*)
putiputi flower

18

rā sun, day

rā huritau birthday

rā whakatā (*always plural*) weekend

Rāapa Wednesday

rae forehead

rahi large

Rāhina Monday

Rāhoroi Saturday

Rāhui-pōkeka Huntly

raihi rice

rāima concrete

raiona lion

rākau tree

rākau hua fruit tree

raki northern, north

Rāmere Friday

rānei or

rangatahi young people, youth

rangi day, weather

Rāpare Thursday

rapu (-a, -hia) seek, look for (*physical search*)

rapu mahi look for work/a job

rārangi list

rare lolly, candy

raro north

raro under, underneath, below

rarohenga underworld

raruraru trouble, concern

Rātapu Sunday

rātou they, them (*three or more*)

rātou ko and (*joining three or more people's names*)

Rātū Tuesday

rau hundred

rau leaf

rāua ko and (*joining two people's names*)

raumati summer

rawa goods, possessions

rawa too

rawe excellent, very good

rāwhiti east

rāwhitu week

reanga form (*school*), level

rehu horoi washing powder

reira there, that place (mentioned before)

reka delicious, nice-tasting, sweet

reo language

reo Ingarihi English (language)

reo irirangi radio (broadcast)

reo Māori Māori (language)

reo o tauiwi English (language)

reo Pākehā English (language)

reo rangatira Māori language

rere (rērea) fly, rush

rere tuanui guttering

rerekē different

rererangi pōwaiwai helicopter

rererangi pūkaha hū jet plane

rerewai dish rack, draining rack

reri ready

rētihi lettuce

retihuka skiing

retireti ā-papa wira skateboarding

rīhi (-tia) rent

rīki (rugby) league

rīki onion

rima five

ringa(ringa) hand, arm

rīpene ataata video, videotape

riri angry

rite tonu just like

rīwai potato

rīwai parai fries, chips

roa tall (*of people*), long (*of objects*)

roanga ake length, duration

rohe area, region, boundary

rohi loaf

rōia lawyer

rongo (-hia, rāngona) hear

rongonui famous

rōpū team, group

rōpū ako form, class (*school*)

rori road, street

roro brain

rorohiko computer

roto in, inside

roto lake

rou mamao remote control (*device*)

rua two

ruarua few

ruha worn out (*materials*)

rūma room

rūma ako classroom

rūma horoi kākahu laundry

rūma kai dining room

rūma kaukau bathroom

rūma moe bedroom

rūma noho sitting/living room, lounge

rumaki i te reo total immersion

runga on, on top of, over, above

runga south

rūpahu (-tia) fib, lie

rūri ruler

rūtene lieutenant

ruturutu martial arts

tā (-ia, -ngia) to draw, print

tā kōrua your ('*the two of you*') (*see table on page 89*)

tā koutou your ('*the three or more of you*') (*see table on page 90*)

tā mātou our ('*us – me and the two or more of them*') (*see table on page 90*)

tā māua our ('*us two – me and her/him*') (*see table on page 89*)

tā rātou their ('*the three or more of them*') (*see table on page 90*)

tā rāua their ('*the two of them*') (*see table on page 89*)

tā tātou our ('*us – me and the two or more of you*') (*see table on page 90*)

tā tāua our ('*us two – me and you*') (*see table on page 89*)

tae (-a) arrive, get to

tae atu ki as far as

tae noa ki tērā tau until next year

taea can, able to

taenga arrival

taetae (-a) attend, go to

taha (-ina) pass, go on one side of; side

tāhae (-tia) to steal

tahi one (*when counting in sequence only*)

tahi (-a) sweep, clean

tahi together, at the same time, simultaneously

tahitahi (-a) sweep, clean

tahu (-na) grill, fry; light a fire

tahuri (-tia, -hia) start on, turn to

taihoa not yet, wait, hang on

tāima time

taitama youth, teenager

taitamaiti (*plural* **taitamariki**) teenager

Tāite Thursday

taiwhenua country (*as opposed to town*); rural

taka fall off

taka porepore gymnastics

takakau bachelor bread

takakau single, unmarried

tākaro (-tia, -hia) play (game, sport); game

tākaro (-tia, -hia) ataata play video/computer games; video/computer game

tākaro hiko electronic game (*handheld*)

takawaenga public relations officer

takaware slow, late

take matter, issue

tākihi (*dialect variation* **tēkihi**) taxi

takiwā district, area

tākoko shovel

takoto lie (down)

taku my (*see table on page 89*)

tāku my (*see table on page 89*)

taku pōuri atu sorry

takurua winter

tākuta doctor

tama son, boy

tamāhine daughter

tamaiti (*plural* **tamariki**) child

tamaiti whāngai foster child, adopted child

tamariki children

tāna her, his (*see table on page 89*)

tana her, his (*see table on page 89*)

tāne man, husband, male

tangata (*plural* **tāngata**) person

tangata whenua hosts, home people, people of the place

tangi (-hia) cry, weep; sound, ring (*of a phone*)

tango (-hia) take, take away, take out

tao (-na) cook (*in an oven*), roast

taokete brother-in-law (*of a man*) sister-in-law (*of a woman*)

tāone town, city

taonga treasured, prized, valuable

taonga whakaata television

tapa whārangi margin (*of a page*)

tapahi (-a) chop, cut

tapatapahi (-a) chop into pieces, cut into pieces

tapawhā orite square

tāpoi tourism

taputapu dishes, utensils

tāra dollar

tarau trousers, pants

tarau tāngari jeans

tārawa clothes line

tari office

tari (-a) take, bring, carry

tari matua head office

Tari Toko i te Ora Department of Social Welfare

taringa ear

taro ake shortly afterwards, in a little while

tata close, near (*time and place*)

tata mai ki close to

tata rawa closest, nearest

tata tonu suddenly

tata tonu tāna huringa suddenly he turned

tatari (**tāria**) wait

tatau (**tauria**) count

tātou we, us ('*you and I – more than two of us*')

tau settled, decided

tau sweetheart, darling

tau year

tāu your ('*you – one person*') (*see table on page 89*)

taua the, that (already mentioned)

tāua grandmother (*southern dialect*)

tāua we, us (*you and I – the two of us*)

tauera (-tia) (*dialect variation* **tauwera**) dry (*with a towel*); towel

tauira example, student, pupil

taukuri e alas

taumaha weight; heavy

taumau (-tia) become engaged

taurima (-tia) treat with care; foster child

tautohetohe (-tia) argue; debate, argument

tautoko I support that, I'm in favour of that

tautoko (-na, -tia, -ngia) support

tautokotoko (-na, -tia, -ngia) keep on supporting

tāwāhi overseas

tawhiti far, distant

te the (*singular*)

te āhua nei it looks like

Te Awakairangi Lower Hutt

te maha hoki a lot indeed

te mutunga mai o ... really, exceptionally

Te Ope Taua o Aotearoa the New Zealand Army

te pai kē it's really good

Te Papa-i-oea Palmerston North

Te Rerenga Wairua the departing place of spirits

Te Ūpoko o te Ika Wellington (*The Head of the Fish*)

Te Whanga-nui-a-Tara Wellington

Te Waipounamu the South Island

tēhea which (*singular*)

teihana station

teihana reo irirangi-ā-iwi iwi radio station

teina (*dialect variation* **taina**) (*plural* **tēina, tāina**) younger brother (*of a male*), younger sister (*of a female*)

teitei tall

tekau ten

tēnā that (*near listener*)

tēnā koa well then

tēnā koe greetings (*to one person*)

tēnā kōrua greetings (*to two people*)

tēnā koutou greetings (*to three or more people*)

tēnā pea perhaps

tēnā pea ka taea e tātou perhaps we can

tēnā, whakarongo mai well (then), listen to me

tēnehi tennis

tēnei this (*by speaker*)

tēnei rā today

tēpu table

tērā that (*over there – away from speaker and listener*)

tere fast

tētahi (*dialect variation* **tētehi**) a, one (*of a group*)

tētahi ki tētahi (atu) one to another

tī tea

tiakarete chocolate

tiaki (-na) care for, look after

tiaki tūroro nurse

tiamu jam

Tīhema December

tīhi cheese

tika right, correct , true

tikanga meaning

tikanga custom, expected behaviour

tikanga-ā-iwi social studies

tiketike tall, high

tiki (tīkina) fetch, go and get

tīkiti ticket

tīmata (-ria, -tia, -ngia) start, begin

tīmatanga start, beginning

tina evening meal, dinner

tinana body

tini many, lots of

tīni (-hia, -ngia) change

tino best, really good, very, favourite

tioka chalk

tipu (-ria) (*dialect variation* **tupu (-ria)**) grow

tirāwhe giraffe

tiriti street

tirohanga view

tirotiro tūpāpaku autopsy

titi (-a) to peg

tītipi chips

titiro (tirohia) look (at)

tō your (*singular*) (*see table on page 89*)

tō stove

tō haumāori gas stove

tō hiko electric stove

tō kōrua your (*'the two of you'*) (*see table on page 89*)

tō koutou your (*'the three or more of you'*) (*see table on page 90*)

tō mātou our (*'us – me and the two or more of them'*) (*see table on page 90*)

tō māua our (*'us two – me and her/him'*) (*see table on page 89*)

tō pōturi hoki how slow you are

tō rātou their (*'the three or more of them'*) (*see table on page 90*)

tō rāua their (*'the two of them'*) (*see table on page 89*)

tō tātou our (*'us – me and the two or more of you'*) (*see table on page 90*)

tō tāua our (*'us two – me and you'*) (*see table on page 89*)

tō tonotono hoki how bossy you are

toa champion; best at …

toa brave, courageous

toa store, shop

toa ataata video shop

toa hoko parāoa wera hot bread shop

toa hokomaha supermarket

toa taonga hiko electrical (goods) store

toe (-a) remain, be left over

toenga remainder, rest

tōhi (-a) toast

tohu (-a) point to, point at, indicate

tohu mātauranga degree (*qualification*)

tohutohu (-tia) instruct, advise; advice

toi (*normally plural*) art, arts

tōkena socks, stockings

toko- *prefix used for counting people*

tokohia how many (*people*)

tokomaha many (*people*)

tokorua pair, couple

tōku my (*see table on page 89*)

tōmato tomato

tōmuri late

tōna her/his (*see table on page 89*)

tonotono bossy

tonu still, yet

tonga south

tōnga (o te rā) sunset

tōpito end

toro (-na) stretch out, extend

toru three

torutoru few

tote salt

tōtiti sausage

toto bleed; blood

tōu your (*one person*)(*see table on page 89*)

tū (-ria) stand, remain

tū māia confident

tua- *prefix used to count position, e.g.* **tuatahi** first, **tuarima** fifth

tua beyond, on the other side of

tuahine (*plural* **tuāhine**) sister, female cousin (*of a male*)

tūai thin

tuakana (*plural* **tuākana**) older brother (*of a male*), older sister (*of a female*)

tuakiri identity

tuanaki calculus

tuanui roof

tuarā back

tūhono coalition

tuku (-a, -na) let, allow

tuku iho handed down, inherited

tūmanako hope, expectation, aspiration

tumeke astonished

tūmere chimney

tumuaki principal (*of a school*)

tūnga position, job

tūnga pahi bus stop

tungāne brother, male cousin (*of a female*)

tuohu (-tia) stoop

tūpapa (kitchen) bench

tūpato careful

tupu genuine, real

tūpuhi thin

tupuna (*dialect variation* **tipuna**) (*plural* **tūpuna, tīpuna**) grandfather, grandmother, grandparent, ancestor

tūranga position, job

Tūranga-nui-a-Kiwa Gisborne
tūrangawaewae home (marae)
ture law
Tūrei Tuesday
tūreiti late

turi knee
tūru chair, stool
tūtaki (-na) to meet
tūturu fixed, permanent, real, original; really, surely

ū strong, committed, steadfast
ua rain
uaua difficulty; difficult
uhimoenga bedspread
ui (-a) ask
uma chest, breast
ūmere (-tia) shout, applaud, cheer
umu oven

ūpoko head
uri descendant
uru (-a) enter, go into
uru ki roto enrol
urunga pillow
utu pay (for); payment, price
utu-ā-haora wages

wā time, occasion, season
wā akoranga study time
waea (-tia) make a phone call; phone call
waenganui between, among, in the middle of
waenganui pō midnight
waewae leg, foot
waha mouth
wāhanga part, section, chapter
wāhi place
wāhi tākaro ataata video games parlour
wāhikai cafeteria
wahine (*plural* **wāhine**) woman, wife, female
waho out, outside
wai water
wai who, whom
waia used to
waiata (-tia) sing; song
waiata-ā-ringa action song

waiho (-tia) leave, leave behind
waiho mā ... leave it for ...
waihonga fruit juice
waimarie fortunate; fortunately
waipiro alcohol
waipuke (-tia) flood; (a) flood
waiputa downpipe, drainpipe
waireka soft drink, cordial
waka canoe
waka kākahu chest of drawers
waka rererangi aeroplane
waka tūpāpaku coffin
wareware (-tia) forget
waru eight
waru (-a, -tia) peel, scrape
wātaka timetable
wātea free , available
wati watch (*timepiece*)

wawata (-tia) dream, hope, yearn; yearning

wawe soon

wehe (-a, -ngia) leave (from), depart

wehe tūturu divorce

Wenerei Wednesday

wera heat; hot, burnt

wiki week

whā four

whaea mother, mum

whaea kēkē aunt

whāereere sow, mother pig

whai have, possess

whai (whāia) take, study (a subject), chase, pursue

whai hua fruitful, beneficial

whai mahi have work, have a job

whai wāhi ... ki have an opportunity to, involved in

whaiāipo fall in love, court

whaikōrero (-tia, -hia) make a formal speech

whaka- *prefix meaning to cause or make something happen (see page 103)*

whakaae (-tia –hia) agree

whakaahua picture, image

whakaako (-na, -tia, -ngia) teach

whakaakoranga lesson

whakaaro (-tia, -hia, -ngia) think; thought, decision, plan

whakaata mirror

whakaatu (-ria, -hia) show

whakaaturanga television programme

whakahaere (-a, -tia) drive, organise; organisation

whakahaere whakangungu training scheme

whakahau (-tia, -hia) encourage

whakaheke ngaru surfing

whakahīhī proud

whakahoki (-a, -ngia) return (*something*), put back, take home, reply

whakahū keep silent, remain silent

whakahua (-ina) mention

whakaingoa (-tia) name

whakakatakata (-ina) make laugh

whakakī (-a) fill, fill up

whakakorikori tinana exercise; physical education

whakakotahitanga unity, coalition

whakamahana (-tia) warm up, make warm

whakamāngere (-tia) make ... lazy

whakamārama (-tia) explain; explanation

whakamaroke (-tia, -ngia) dry (*something*)

whakamātau (-ria) study

whakamate (-a) kill (*someone*)

whakamau (-a) kākahu put on clothes

whakamōhio (-tia) let ... know, inform

whakamutu (-a) cease, give up, finish

whakamutu atu don't, stop that, that's enough

whakamutunga last

whakangā rest

whakangahau (-tia) amuse, entertain

whakaongaonga exciting

whakaoti (-hia, -ngia) complete, finish

whakapā (-ngia) touch

whakapai (-ngia, -tia) bless, clean up, repair, fix up

whakapakari (-tia, -hia) train, mature, develop

whakapapa genealogy, family tree

whakapau (-hia) use up, consume

whakapuaki (-na) utter, disclose, say

whakarārangi (-tia) list

whakararo down, downwards

whakareri (-tia) prepare, get ready

whakarongo (-na) listen

whakataetae (-tia) compete; competition

whakatakoto (-ria) to lie … down

whakatata (-hia, -tia) approach, draw near

whakatau (-ria, -hia) decide; decision

whakataukī proverb, saying

whakatika (-ina) straighten up, tidy

whakatipu (-ria, -tia) bring up, rear (of children)

whakatōhi toaster

whakatōhi hanawiti toasted-sandwich maker

whakatoi cheeky

whakatupu (-ria, -tia) bring up, rear (of children)

whakawera (-tia, -hia) heat up

whakawhata (-hia) hang (out/up)

whakawhitiwhiti kōrero discuss; exchange of ideas, discussions

whana (-ia) kick

whānau (-tia) be born; family

whanaunga relations (*general, including through marriage*)

whanaungatanga relationship

whānautanga birth

whāngai foster child

whāngai (-a, -hia, -tia) feed, foster, look after, care for; foster child, adopted child

whānui broad, wide

whare house

whare kurī kennel

Whare Parehe Pizza Hut

whare patu mīti, ngā freezing works, abattoir

whare tākaro ataata video games parlour

whare wānanga university

Whare Wānanga o Wikitoria, Te Victoria University

Wharekāhika Hicks Bay

wharekai restaurant

wharenui meeting house

whāriki carpet

whāriki tēpu table cloth

whatu eye

whātui (-a) fold (*clothes*)

whea where

whenua land

whero red

Whiringa-ā-nuku October

Whiringa-ā-rangi November

whiriwhiri (-a) choose

whiti (-a, -kia) shine (*of the sun*)

whitiwhiti whakaaro discuss, exchange ideas

whitu seven

whiu (-a) drive, throw; shot, go (*in a game*)

whiuwhiu (-a) juggle

whiwhi get, acquire, have, receive

whiwhi mahi get a job, be employed

whutupōro football, rugby

whutupōro whakapā touch rugby

Dictionary

ENGLISH-MĀORI

a, an he, (*specific one*) tētahi (*dialect variation* tētehi)

a lot indeed te maha hoki

abattoir (ngā) whare patu mīti

ability pūmanawa

able to taea

about – be about to kua tata ... te ...

about e pā ana

about mō (*see table on page 92*)

about her/him mōna (*see table on page 92*)

about me mōku (*see table on page 92*)

about you (*one person*) mōu (*see table on page 92*)

above runga

abundant huhua

accompany haere tahi

according to ki

accounting mahi kaute

accounts clerk kaituhi kaute

acquire whiwhi

action song waiata-ā-ringa

add hoatu

adopted child whāngai, tamaiti whāngai

adult pakeke

advertisement pānuitanga

advice tohutohu

advise tohutohu (-tia)

aerial pou irirangi

aeroplane waka rererangi

aflame papahū

afraid mataku

after i muri (mai)

after a while nāwai, nāwai i roa

afternoon ahiahi

afterwards i muri (mai) (*in the past*), ā muri (*in the future*)

again anō

ago ki mua

agree – I agree kia ora, koinā, tautoko

agree – we all agree with that ko tātou katoa kei tēnā

agree whakaae (-tia)

agriculture ahuwhenua

aid āwhina (-tia)

alas taukuri e

alcohol waipiro

alive ora

all katoa

All Black Mangu Katoa

all gone pau

allow tuku (-a, -na)

alone anake

along i

already kē

also hoki

although ahakoa

always i ngā wā katoa

amaze miharo (-tia)

amazing mīharo

among waenganui

amuse whakangahau (-tia)

ancestor tupuna (*dialect variation* tipuna) (*plural* tūpuna, tīpuna)

and me, rāua ko (*joining two people's names*), rātou ko (*joining three or more people's names*), mā (*joining numerals*), ā (*joining a series of actions together*)

angry riri

animal kararehe

anxious āwangawanga (-tia)

appear puta mai

appearance āhua

applaud pakipaki (-tia, -ngia), ūmere (-tia)

apple āporo

approach whakatata (-hia, -tia)

April Aperira, Paenga-whāwhā
area rohe, takiwā
Argentina Āketina
argue tautohetohe (-tia)
argument tautohetohe
arrival taenga
arrive tae (-a)
art (ngā) toi (*normally plural*)
as (a) hei
as far as tae atu ki
as well hoki
ask pātai (-hia, -tia)
ask ui (-a)
ask (a series of) questions patapatai (-tia)
ask (lots of) questions pātaitai (-tia)
aspect āhuatanga

aspiration tūmanako
assist āwhina (-tia)
astonished tumeke
at i (*marks location in the past*)
at ki
at the same time tahi
athletics kaiaka
attend taetae (-a)
attractive purotu
August Here-turi-kōkā, Akuhata
aunt mātua kēkē
author kaituhi
autopsy tirotiro tūpāpaku
autumn ngahuru
available wātea

baby pēpi
bachelor bread takakau
back tuarā
backside (*body*) kumu
bad kino
bag pēke
ball pōro
banana panana
bank pēke
baseball poiuka
basket pūtea
basketball poi tūkohu
bath kaumanga
bathroom rūma kaukau
be (*command*) kia
beach one
bear (*animal*) pea
beautiful ātaahua
because nō/nā te mea

bed moenga
bedroom rūma moe
bedspread uhimoenga
beef mīti kau
before mua
before midday ā mua i te poupoutanga o te rā
begin tīmata (-ria, -tia, -ngia)
beginning tīmatanga
behaviour – expected behaviour tikanga
behind muri
behind (*body*) kumu
bell pere
belly puku
belonging to a, o, nā, nō (*see tables on pages 89-92 for guide on usage*)
below raro
below – from below ake
bench (*kitchen*) tūpapa
beneficial whai hua

benefit hua

besides hāunga

best tino

best at toa

between waenganui

beyond tua

bicycle paihikara (*dialect variation* pahikara)

big nui, rahi

billiards piriota

bin ipu

biology mātauranga koiora

bird manu

birth whānautanga

birthday rā huritau

biscuit pihikete

black pango (*inanimate things*), mangu (*living things*)

blackberry parakipere

blackboard papa tuhituhi

blanket paraikete

bleed toto

bless whakapai (-ngia, -tia)

blind kāpō

blood toto

blow pupuhi (pūhia)

blue kahurangi, kikorangi

boat poti

body tinana

boil koropupū

bold māia

book pukapuka

born – be born whānau (-tia)

bossy tonotono

bottom (*body*) kumu

boundary rohe

bowl pīrori (-a, -tia)

bowls (*sport*) maita

box pouaka

boy tama

brain roro

brave māia, toa

bread parāoa

break down pakaru

breakfast parakuihi

breast poho, uma

bring hari (-a), tari (-a), kawe (-a)

bring up (children) whakatipu (-ria, -tia), whakatupu (-ria, -tia)

broad whānui

broken pakaru

broom puruma

brother (*of a male*) (*older*) tuakana (*plural* tuākana), (*younger*) teina (*dialect variation* taina) (*plural* tēina, tāina)

brother (*of a female*) tungāne

brother-in-law (*of a male*) taokete, (*of a female*) autāne

brown parauri

bucket ipu

burnt wera

burst into flames papahū

bus pahi

bus route ara pahi

bus stop tūnga pahi

bush ngahere

but engari, heoi, kē, otirā

butter pata

buy hoko (-na) mai

by i (*location in past*), kei (*location in present*)

by means of (*transport*) mā runga

C

cabbage kāpeti

cafeteria wāhikai

calculus tuanaki

calendar maramataka

call karanga (-tia, -hia)

camp hopuni

can taea

can (*noun*) kēne

cancer mate ngau

candy rare

canoe waka

car motokā

cardiac arrest manawa-hē

care for tiaki (-na), whāngai (-a, -hia, -tia), taurima (-tia)

careful tūpato

carpenter kāmura

carpet whāriki, kāpeti

carrot kāreti

carry hari (-a), tari (-a), kawe (-a)

cat ngeru

cease whakamutu (-a)

celery herewī

cent heneti

cereal pata kai

chair tūru

chalk tioka

champion toa

change huri (-hia)

change (*clothes*) tīni (-hia, -ngia)

changing world ao hurihuri

channel (*television*) hongere

chapter wāhanga

chase whai (-a)

cheeky whakatoi

cheer ūmere (-tia)

cheese tīhi

chemist (*pharmacist*) kaitaka rongoā

chemistry mātauranga matū

cherish awhiawhi (-tia)

chest poho, uma

chest of drawers waka kākahu

chicken (meat) mīti heihei

child tamaiti (*plural* tamariki)

chilli (pepper) hirikakā

chimney tūmere

China Haina

Chinese Hainamana

chips rīwai parai, tītipi

chips (potato crisps) maramara rīwai

cholesterol ngakototo

chocolate tiakarete

choose whiriwhiri (-a)

chop tapahi (-a)

chop into pieces tapatapahi (-a)

chutney kīnaki

circumstance āhuatanga

city tāone

clap pakipaki (-tia, -ngia)

class (*school*) rōpū ako

classroom rūma ako

clean horoi (-a, -ngia)

clean mā

clean tahi (-a), tahitahi (-a), (*floors etc*) puruma (-tia)

clean up whakapai (-ngia, -tia)

clear – I'm not clear about ... kāore au i te mārama ki ...

clever mōhio

climb piki (-a, -tia)

climb down heke (-a, -tia, -ngia)

climb up eke (-a)

clock karaka

close (*near*) tata

close to tata mai ki

closest tata rawa

clothes kākahu

clothes dryer pūrere whakamaroke kākahu

clothes line tārawa

cloud kapua

coach (*of sports team etc*) kaiwhakaako

coalition tūhono, whakakotahitanga

coat koti

coffee kawhe

coffin waka tūpāpaku, kāwhena

cold (*of food*) mātao

cold (*weather, feeling cold*) makariri

collect kohi(-a)

college kāreti

comb koma

come haere mai (*dialect variation* haramai)

come down heke (-a, -tia, -ngia)

come here haere mai

come out puta mai

comedy (*film*) pikitia whakakatakata

comfortable āhuru

coming haerenga

committed ū

committee komiti

company kamupene

compete whakataetae (-tia)

competition whakataetae

complain amuamu (-tia)

complete (*adjective*) katoa

complete whakaoti (-hia, ngia)

completed oti

completely katoa

complex (*adjective*) matatini

computer rorohiko

computer game tākaro ataata

concern (*problem*) raruraru

concerned – as far as I'm concerned ki a au nei

concerning e pā ana ki ...

conclusion mutunga

concrete rāima

confident māia, tū māia

confused pōraru

congratulations kia ora

connection hononga

consume whakapau (-hia)

consumed pau

container ipu

cook tao (-na)

cooked maoa (*dialect variation* maoka)

cool hauangi

cordial (*drink*) waireka

coroner kaiwhakawā o te kōti mō ngā tūpāpaku

correct tika

correct – that's correct ka tika tēnā

correct – you're correct he tika tāu

council kaunihera

count tatau

country (*as opposed to town*) taiwhenua

couple tokorua

courageous toa

course kura

court (*of law*) kōti

cousin (*female of a female, male of a male*) (*older*) tuakana (*plural* tuākana), (*younger*) teina (*dialect variation* taina) (*plural* tēina, tāina)

cousin (*female of a male*) tuahine (*plural* tuāhine)

cousin (*male of a female*) tungāne

crash helmet pōtae mārō

creation hanganga

creative auaha

cricket (*sport*) kirikiti

crowd hunga

cry tangi (-hia)

culture ahurea

cup of tea kapu tī

cupboard kāpata

custom tikanga

cut tapahi (-a)

cut into pieces tapatapahi (-a)

cycle eke (-a) pahikara

dad pāpā

darling tau

daughter hine, kōtiro, tamāhine

dawn atatū

day awatea, rā, rangi

daylight awatea

dead mate

death matenga

debate tautohetohe (-tia)

December Hakihea, Tīhema

decide whakatau (-ria, -hia)

decided tau

decision whakaaro, whakatau

degree (*qualification*) tohu mātauranga

delicious reka

depart wehe (-a, -ngia)

departing place of spirits Te Rerenga Wairua

Department of Social Welfare Tari Toko i te Ora

descend heke (-a, -tia, -ngia)

descendant uri

design hoahoa (-tia)

desire pīrangi (-tia)

despite ahakoa

develop (*train*) whakapakari (-hia, -tia)

die mate, hemo

die (*a number of deaths ocurring at different times*) matemate

different rerekē

difficult uaua

difficulty uaua

dining room rūma kai

dinner kai ahiahi

dinosaur moko tuauri

dirty paru

disappear ngaro

disappointed ngere

disclose whakapuaki (-na)

discover kite (-a)

discuss kōrerorero (-tia), whakawhitiwhiti kōrero, whitiwhiti whakaaro

discussions whakawhitiwhiti kōrero

dish pereti

dish rack rerewai

dishes taputapu

dishwasher pūrere horoi pereti

distant tawhiti

district takiwā

district council kaunihera-ā-rohe

divorce wehe tūturu

dizzy ānini

do mahi (-a, -tia, -ngia)

doctor tākuta

dog kurī

dollar tāra

don't (do that) whakamutu atu

don't (*plus verb*) kaua e …

door kūaha (*dialect variation* kūwaha)

doorway kūaha (*dialect variation* kūwaha)

doubtless kāore e kore

down iho, whakararo

downpipe waiputa

downwards iho, whakararo

draining rack rerewai

drainpipe waiputa

draw tā (-ia, -ngia)

draw near whakatata (-hia, -tia)

dream wawata (-tia)

dress kaka, kākahu

drink inu (-mia)

drive (*a vehicle*) whakahaere (-a, -tia)

drive (*an animal*) whiu (-a)

drop (*verb*) makere

dry maroke

dry (*something*) whakamaroke (-tia, -ngia), (*with a towel*) tauera (-tia) (*dialect variation* tauwera)

Dunedin Ōtepoti

duration roanga ake

each ia ..., ia ...

eager kaikā

ear taringa

early (*in the morning*) moata

Easter Aranga

easy māmā, ngāwari

eat kai (-nga)

eat fast kaihoro

eat lunch kai tina

economics ohaoha

egg hēki

eight waru

elder (*male or female – term of respect*) kaumātua

eldest (*brother, sister*) kauaemua

eldest (*child in family, firstborn*) mātāmua

electric stove tō hiko

electrical (goods) shop toa taonga hiko

electronic game (*handheld*) tākaro hiko

elephant arewhana

elevator ararewa

embrace awhi (-tia)

employed whiwhi mahi

employer kaituku mahi

encourage whakahau (-tia, -hia)

end tōpito, mutunga

ended mutu, oti

energetic kaha

engaged – become engaged taumau (-tia)

engineer kaipūkaha

English (language) reo Ingarihi, reo o tauiwi, reo Pākehā

enjoyable pārekareka

enough nui

enough – there is/are enough he nui

enough of that kāti

enrol uru ki roto

enter uru (-a), kuhu (-na, -tia, -ngia)

entertain whakangahau (-tia)

entertainer kaiwhakangahau

eraser muku

evening ahiahi, ahiahi pō

evening meal kai ahiahi

event āhuatanga

every katoa

example tauira

excellent (*exclamation*) ka rawe hoki

excellent rawe

exceptionally te mutunga mai o ...

exchange ideas whitiwhiti whakaaro

excited nanawe

exciting whakaongaonga

exercise whakakorikori tinana

exhausted kua pau te hau

expectation tūmanako

explain whakamārama (-tia)

explanation whakamārama

explorer kaihōpara

extend toro (-na)

eye karu, whatu

face kanohi, mata

fairly hanga, āhua

fall (over) hinga

fall in love whaiāipo

fall off taka

family whānau

family tree whakapapa

famous rongonui

far tawhiti

far side (*of a distant object or place*) kō atu

farm pāmu

farmer kaiahuwhenua

farming ahuwhenua

fast tere

fat (*noun*) hinu

fat (*adjective*) mōmona

father pāpā, matua (*plural* mātua)

father-in-law hungarei

favour – I'm in favour of that tautoko

favoured makau

favourite (*noun*) makau

favourite (*adjective*) tino

February Hui-tanguru, Pepuere

feel love (for) aroha (-ina) (ki)

fees nama

female wahine (*plural* wāhine)

fetch tiki (tīkina)

few – only a few he ruarua noa iho

few ruarua, torutoru

fib rūpahu (-tia)

fill (up) whakakī (-a)

find kite (-a)

fine pai

fine (*of weather*) paki

finger matihao

fingernail maikuku

finish whakamutu (-a)

finish whakaoti (-hia, -ngia)

finished mutu, oti

firm mārō, ita

first time – for the first time kātahi anō … ka …

firstborn mātāmua

fish (*with a net*) hao (-na), (*with a line*) hī (-a)

fish ika

fit into ō ki roto

five rima

fix up whakapai (-ngia, -tia)

fixed tūturu, ita

flood waipuke (-tia); (*noun*) waipuke

floor papa

flounder (*fish*) pātiki

flower putiputi

fly rere (rērea)

fold whātui (-a)

food kai

food technology hangarau kai

foot waewae

foot – by/on foot mā raro

football whutupōro

for (*as*) hei

for (me/you/her/him …) mā, mō (*see table on page 92 for guide on usage*)

forehead rae

forest ngahere

forget wareware (-tia)

fork paoka

form (*shape*) āhua

form (*school*) pae, reanga, rōpū ako

former o mua

fortunate waimarie

fortunately waimarie

forward (*position in team sports*) kauaro

foster whāngai (-a, -hia, -tia), taurima (-tia)

foster child whāngai, tamaiti whāngai, taurima

four whā
fragrance kakara
free (*available*) wātea
free (*of cost*) kore utu, kāore he utu
freezing works (ngā) whare patu mīti
Friday Paraire, Rāmere
friend hoa
fries rīwai parai
frock kaka, kākahu
from i
from … to/until mai i … tae noa ki

from above iho
fruit hua, hua rākau
fruit juice waihonga
fruit tree rākau hua
fruitful whai hua
fry tahu (-na)
full katoa
full (*stomach*) mākona
funeral director kaiwhakarite uhunga
future – in the future ā muri ake nei

game hākinakina, tākaro
garden māra
gas hau
gas stove tō haumāori
gate kēti
gather (*meet*) hui (-a)
gather (*collect*) kohi (-a)
gathering hui
genealogy whakapapa
gentle ngāwari
genuine tupu
geography mātai matawhenua
get (*fetch*) tiki (tīkina)
get (*acquire*) whiwhi
get a job whiwhi mahi
get into (*a vehicle*) eke (-a)
get ready whakareri (-tia)
get to tae (-a)
giddy ānini
giraffe tirāwhe
girl hine, kōtiro
Gisborne Tūranga-nui-a-Kiwa
give (*away from the speaker*) hoatu
give (*towards speaker*) hōmai

give up whakamutu (-a)
glad hari, koa
gladness hari, koa
glutton kaihoro
go haere (-a, -tia, -ngia)
go (*turn in a game*) whiu
go ahead, (you) (*said when speaker will follow after*) hoatu
go back hoki (-a)
go into kuhu (-na, -tia, -ngia), uru (-a)
go on one side of taha (-ina)
go with haere tahi
goal keep (*netball*) kati ūhanga
goal shoot (*netball*) kuru ūhanga
golf haupōro
good pai
good at kaha
good – (someone / something) is really good ka mau te pai o …
good – it's really good te pai kē
good – you're really good at it ka kino tō pai
good evening ngā mihi o te pō
goodbye (*to a person going*) haere rā
goodbye (*to a person staying*) e noho rā, noho mai rā, hei konei rā

goodbye (*to a person staying, used in letters and phone calls*) hei konā rā

good-looking ātaahua

goods rawa

government kāwanatanga

grab kapo (-hia)

grain pata

grandchild mokopuna

grandfather tupuna (*dialect variation* tipuna) (*plural* tūpuna, tīpuna), poua (*Southern dialect*)

grandmother tupuna (*dialect variation* tipuna) (*plural* tūpuna, tīpuna), kuia, tāua (*Southern dialect*)

grandparent tupuna (*dialect variation* tipuna) (*plural* tūpuna, tīpuna)

grass pātītī

great (*exclamation*) ka rawe hoki

greet mihi (-a)

greet (*with a hongi*) hongi

greetings mihi

greetings (*hello*) (*informal*) kia ora, (*to one person*) tēnā koe, (*to two people*) tēnā kōrua, (*to three or more people*) tēnā koutou

grill tahu (-na)

group hunga, rōpū, ope

grow tipu (-ria), (*dialect variation* tupu (-ria))

grown-up pakeke

grumble amuamu (-tia)

guest manuhiri

guttering rere tuanui

gymnastics taka porepore

hair huruhuru, makawe

half past (*the hour*) haurua mai i, hāwhe pāhi i

hall hōro

hamburger hamipēka

hand ringa, ringaringa

hand basin oko horoi

handed down tuku iho

handsome purotu

hang (out/up) whakawhata (-hia)

hang on (*wait*) taihoa

happening āhuatanga

happiness hari, koa

happy hari, koa

hard mārō

hard hat pōtae mārō

hardworking pukumahi

hat pōtae

have (*in one's possession*) whai (-a)

have (*got possession of, acquired*) whiwhi

he ia

head māhunga, matenga, ūpoko

head office tari matua

health hauora, ora

hear rongo (-hia; rāngona)

heard – (according to) what I've heard ki taku rongo

heart attack manawa-hē

heat up whakawera (-tia, -hia)

heater kare

heavy taumaha

helicopter rererangi pōwaiwai

hello kia ora

help āwhina (-tia)

her (*pronoun*) ia

her (*possessive pronoun*) tana (*plural* ana), tāna (*plural* āna), tōna (*plural* ōna), nāna, nōna (*see table on page 89 for guide on usage*)

here – ... is/are here konei (*by speaker*)

here (it is) (*by speaker*) anei

Hicks Bay Wharekāhika

high teitei, tiketike

high school kura teitei

hill puke

him ia

his tana (*plural* ana), tāna (*plural* āna), tōna
(*plural* ōna), nāna, nōna (*see table on page
89 for guide on usage*)

history kōrero o mua, kōrero o neherā
(*normally plural*)

hit paki (-a, -tia)

hockey hōki

hold pupuri (puritia)

hold onto mau ki

holiday hararei

home kāinga (*dialect variation* kāenga)

home (marae) tūrangawaewae

home (that you were brought up in) papa
kāinga

home people iwi kāinga, tangata whenua

home place haukāinga

homework mahi kāinga

honey miere

Hong Kong Hongipua

hooker (*rugby*) kaikape

hope tūmanako (-hia), wawata (-tia)

horse hōiho

hose ngongowai

hospital hōhipere

hosts tangata whenua, iwi kāinga

hot wera

hot bread shop toa hoko parāoa wera

hour karaka, haora

house whare

how pēhea

how is/are ... e pēhea ana ..., kei te pēhea ...

how many e hia (*dialect variation* e whia)

how many (do you want) kia hia

how many (*people*) tokohia

how sad aroha ana

however heoi

hug awhi (-tia)

hundred rau

hungry hiakai, matekai, mate i te kai

Huntly Rāhui-pōkeka

husband hoa rangatira, tāne

hymn hīmene

I ahau, au

ice-cream aihikirīmi

identity tuakiri

if ki te ...

image whakaahua

important nui

in roto

in a little while taro ake

in a minute āianei nā, anāianei, āinei

in case kei

in due course nāwai

in front of mua

in its own time ā tōna wā

in order nahanaha

in the middle of waenganui

in the past i ngā rā o mua

in time ā tōna wā

incantation karakia

indicate tohu (-a)

industrious pukumahi

inform whakamōhio (-tia)

inherited tuku iho

innovative auaha

inquire pātaitai (-tia)

inside roto

instead kē

instruct tohutohu (-tia)

interested (in) aro (-hia, -tia, -ngia) (ki)

involved in whai wāhi ... ki

island motu (*close to mainland*), moutere (*not close to mainland*)

issue take

jam tiamu

January Hānuere, Kohi-tātea

Japanese Hapanihi

jaw kauae, kauwae

jealous harawene

jeans tarau tāngari

jet plane rererangi pūkaha hū

job – have a job whai mahi

job mahi, tūnga, tūranga

joy hari, koa

judge kaiwhakawā

juggle whiuwhiu (-a)

July Hōngongoi, Hūrae

jump peke (-a)

June Hune, Pipiri

junk food kai paraurehe

just kātahi anō ... ka ...

keen kaikā

keen (on) ngākaunui (ki)

keep on supporting tautokotoko (-na, -tia, -ngia)

keep silent whakahū

keep to ... (*command*) kia mau ki ...

kennel whare kurī

kick whana (-ia)

kill whakamate (a)

kind (*noun*) momo

kind (*adjective*) ngāwari

kitchen kīhini

kitten punua ngeru

kiwifruit hua kiwi

knee turi, pona

knife naihi

know – as far as I know ki tōku mōhio

know – I don't know aua hoki, kāore au e mōhio

know mōhio (-tia)

know straightaway mōhio tonu

knowledgeable mātau

ladder arawhata

lake roto

land whenua

language reo

language nest (*early childhood centre for Māori language immersion*) kōhanga reo

large nui, rahi

last (*relating to time*) i tērā

last (*noun, adjective*) whakamutunga

last child (*in a family*) pōtiki

last night i napō, i tērā pō

last year i tērā tau, i te tau kua taha ake

late takaware, tūreiti, tōmuri

laugh kata

laugh – make laugh whakakatakata (-ina)

laugh (*repeatedly*) katakata (-ina)

laughter – with laughter me te kata

laundry (*room*) rūma horoi kākahu

laundry basket pūtea kākahu

law ture

lawyer rōia

leaf rau

league (*rugby*) rīki

learn ako (ākona, akotia, akongia)

leave waiho (-tia)

leave (from) wehe (-a, -ngia)

leave behind waiho (-tia)

leave it for ... waiho mā

left (hand) mauī

left over toe (-a)

leg waewae

length (of time) roanga ake

leotard kahupiri

lesson whakaakoranga

lest kei

let tuku (-a, -na)

let it be me he ...

let ... know whakamōhio (-tia)

lettuce rētihi

level (*noun*) pae, reanga

lie (down) takoto (-ria)

lie (*tell a lie*) rūpahu (-tia)

lie ... down whakatakoto (-ria)

lie in a heap pū

lieutenant rūtene

life jacket kahu kautere

lift ararewa

lift up hiki (-tia)

lifting hikinga

light (*adjective*) māmā

light (a fire) tahu (-na)

like – ... don't/doesn't like kāore ... e pai ki ...

like – don't be like that kaua e pēnā

like – I like ... he pai ki a au ...

like – it looks like te āhua nei

like – just like rite tonu

lion raiona

list – make a list whakarārangi (-tia)

list rārangi

listen whakarongo (-na)

live noho (-ia)

lively ngahau

living room rūma noho

loaf rohi

loan (*money*) pūtea taurewa

local people iwi kāinga, tangata whenua

lolly rare

lonely mokemoke

long – I won't be long kāore au e roa

long roa

look (at) titiro (tirohia)

look after manaaki (-tia), tiaki (-na), whāngai (-a, -hia, -tia), taurima (-tia), awhiawhi (-tia)

look for (*with the eyes*) kimi (-hia)

40

look for (*physical search*) rapu (-a, -hia)
look for work/a job rapu mahi
looking forward (to) ngākaunui (ki)
looks āhua

lost ngaro
lots of maha, nui, tini
lounge rūma noho
Lower Hutt Te Awakairangi

machine pūrere
main matua
main road huarahi matua
make mahi (-a, -tia, -ngia)
make a formal speech whaikōrero (-tia, -hia)
male tāne
man tāne
many maha, nui, tini, rahi, huhua
many (*people*) tokomaha
Māori (language) reo Māori, reo rangatira
map mapi
march hīkoi (-tia)
margin (*of a page*) tapa whārangi
marriage mārenatanga
marry mārena (-tia), moe (-a)
martial arts ruturutu
marvellous mīharo
matter take
mature (*develop*) whakapakari (-tia, -hia)
May Haratua, Mei
McDonald's Makitānara
me ahau, au
meaning tikanga
meat mīti
meet (*gather*) hui (-a)
meet tūtaki (-na)
meeting hui
meeting house wharenui
member mema
Member of Parliament mema pāremata
mention whakahua (-ina)
metre mīta

microwave oven ngaruiti
midday poupoutanga o te rā
midnight waenganui pō
migration hekenga
military camp hopuni ope taua
milk miraka
million manomano, miriona
milo maero
mine nāku, nōku (*see table on page 90 for guide on usage*)
minute meneti
mirror whakaata
missing ngaro
module (*educational*) kōwae ako
Monday Rāhina, Mane
money moni
monitor (*computer*) pane
monkey makimaki
month marama
moon marama
morning ata
mother whaea, kōkā, māmā
mother-in-law hungarei
mountain maunga
mouse kiore
mouth māngai, waha
move neke (-hia)
museum papa tongarewa
mutton mīti hipi
my taku (*plural* aku), tāku (*plural* āku), tōku (*plural* ōku), nāku, nōku (*see table on page 89 for guide on usage*)

N

name ingoa

name whakaingoa (-tia)

namely arā

national o te motu

natural gas haumāori

Napier Ahuriri

near tata

nearest tata rawa

nearly kua tata … te …

neat – (someone/something) is neat ka mau te pai o …

neat (*exclamation*) ka rawe hoki

neat (*tidy*) nahanaha

neck kakī

need hiahia

nephew irāmutu

netball netipōro

never mind hei aha

nevertheless heoi anō

new hou (*dialect variation* hōu)

next ā tērā

next year ā tērā tau

next year ā te tau e heke mai nei

nice-tasting reka

niece irāmutu

night pō

nine iwa

no kāore, kāhore

no doubt kāore e kore

noon poupoutanga o te rā

north raki, raro

northern raki

nose ihu

not kāore, kāhore

not yet taihoa

November Noema, Whiringa-ā-rangi

now (*in the immediate future*) āianei, āianei nā, anāianei, āinei

now (*at this very point in time*) i nāianei (*or* ināianei)

nurse tiaki tūroro

nut nati

O

o'clock karaka

occasion wā

October Oketopa, Whiringa-ā-nuku

of a, o (*see page 83 for guide on usage*)

office tari

officer āpiha

oh dear auē

old lady/woman (*term of respect*) kuia

older brother (*of a male*) tuakana (*plural* tuākana)

older sister (*of a female*) tuakana (*plural* tuākana)

on runga

on the contrary kē

on the other side of tua

on the point of kua tata … te …

on top of runga

one (*of a group*) tētahi (*dialect variation* tētehi)

one (*when counting in sequence only*) tahi

one (*when counting specfic things*) kotahi

one to another tētahi ki tētahi (atu)

onion rīki

only anake, noa iho

open puare

open-mouthed hāmama

opportunity – have an opportunity to whai wāhi … ki

or rānei

orange ārani

organisation whakahaere

organise whakahaere (-tia)

original tūturu

others – and others mā

our (*'us – me and them'*) tā mātou (*plural* ā mātou), tō mātou (*plural* ō mātou), nā mātou, nō mātou (*see table on page 90 for guide on usage*)

our (*'us all – me and two or more of you'*) tā tātou (*plural* ā tātou), tō tātou (*plural* ō tātou), nā tātou, nō tātou (*see table on page 90 for guide on usage*)

our (*'us two – me and her/him'*) tā māua (*plural* ā māua), tō māua (*plural* ō māua), nā māua, nō māua (*see table on page 89 for guide on usage*)

our (*'us two – me and you'*) tā tāua (*plural* ā tāua), tō tāua (*plural* ō tāua), nā tāua, nō tāua (*see table on page 89 for guide on usage*)

out (of) waho

out of breath kua pau te hau

outside waho

oven umu

over runga

overseas tāwāhi

own (*adjective*) ake

Pacific Ocean (Te) Moana-nui-a-Kiwa

packet pākete

painful mamae

pair tokorua

Palmerston North Te Papa-i-oea

pantry kāpata kai

pants tarau

parent matua (*plural* mātua)

part wāhanga

participant (*in a game*) kaitākaro

partner hoa rangatira

party (*social occasion*) pātī

pass taha (-ina)

pass by pahure (-tia)

past – just past (*time only*) kua pahure ake nei

pasta pāketi, parāoa rimurapa

path ara

patient (*adjective*) manawanui

pay (for) utu

payment utu

pear pea

peel waru (-a, -hia)

peg (*noun*) pine

peg titi (-a)

pen pene

pencil pene rākau

people iwi, tāngata

people of the place tangata whenua, iwi kāinga

pepper pepa

perhaps pea, tēnā pea

permanent tūturu

persist ngana

person tangata

pet mōkai

pharmacist kaitaka rongoā

pharmacology mātauranga taka rongoā

phone waea (-tia)

phone call waea, kōrero waea

physical education whakakorikori tinana

physics mātauranga ahupūngao

picture pikitia, whakaahua

pig poaka

piglet punua poaka

pillow urunga, pera

pin pine

pity aroha (-ina) ki

pizza parehe

Pizza Hut Whare Parehe

place wāhi

place – that place (mentioned before) reira

plan whakaaro

plate pereti

play tākaro (-tia, -hia)

play video/computer games tākaro (-tia, -hia) ataata

player kaitākaro

playing field papa tākaro

please (*request*) koa *e.g.* hōmai koa te pene

pleased koa

point (to, at) tohu (-a)

polished kanapa, pīata

polytechnic kura tini

pork mīti poaka

porridge pāreti

portable radio/tape/CD player pokotaringa

position tūnga, tūranga

possess whai (-a)

possessions rawa

pot kōhua

potato rīwai

power mana

pray karakia (-tia)

prayer karakia

precious kahurangi

prepare whakareri (-tia)

presently (*in the future*) ākuanei

presently (*in the past*) nāwai

prestige mana

pretty ātaahua

price utu

primary school kura tuatahi

principal (*of a school*) tumuaki

print tā (-ia, -ngia)

prized taonga

proud whakahīhī

proud (of) ngākaunui (ki)

proverb whakataukī

public relations officer takawaenga

pudding pūrini

pumpkin paukena

pupil ākonga

puppy punua kurī

purpose kaupapa

pursue whai (-a)

put back whakahoki (-a, -ngia)

put into (*an enclosed space*) puru (-a)

put on clothes whakamau (-a) kākahu

quarter past (*the hour*) hauwhā mai i, koata pāhi i

quarter to (*the hour*) hauwhā ki, koata ki

quite noa iho

radio (broadcast) reo irirangi

radio station teihana reo irirangi

rain ua

rat kiore

rather hanga, āhua

read (silently) kōrero-ā-whatu, kōrero pukapuka

read (out loud) pānui (-tia)

ready reri

real tupu, tūturu

real home haukāinga

really te mutunga mai o ..., tūturu

really good tino

rear (of children) whakatipu (-ria, -tia), whakatupu (-ria, -tia)

receive whiwhi

red whero

refrigerator pouaka whakamātao

region rohe

regional ā-rohe

regional council kaunihera-ā-rohe

relation (by blood) karanga, huānga

relations (general, including through marriage) whanaunga

relationship whanaungatanga

relish (refers to a song that complements or gives relish to a speech) kīnaki

remain (stay) noho (-ia), tū (-ria)

remain (left over) toe (-a)

remain at mau ki

remain silent whakahū

remainder toenga

remember maumahara (-tia), mahara (-tia)

remote control (device) rou mamao

remove tango (-hia)

repair whakapai (-ngia, -tia)

reply whakahoki (-a, -ngia)

rest – and the rest mā

rest okioki (-ngia, -tia), whakangā (-ngia)

rest (left over) toenga

restaurant wharekai

retain mau ki

retain ... (command) kia mau ki ...

return hoki (-a)

return (something) whakahoki (-a, -ngia)

rice raihi

ride a bicycle eke (-a) pahikara

right – isn't that right/so (seeking confirmation from listener) nē

right tika

right – you're right he tika tāu

right (hand) matau

right now i nāia tonu nei

ring (of a phone) tangi (-hia)

river awa

road rori, huarahi, ara

roar haruru

roast tao (-na)

roof tuanui

room rūma

rubber muku

ruler rūri

run oma (-kia)

running (race) omaoma

rural taiwhenua

rush rere (rērea)

S

sad pōuri

safety helmet pōtae mārō

salesperson kaihoko

salt tote

same ōrite

Samoa Hāmoa

sandwich hanawiti

satellite amiorangi

saturated fat hinu kueo

Saturday Hātarei, Rāhoroi

sauce kīnaki

saucepan kōhua

sausage tōtiti, hōtiti

say – I should say me kī

say kī (-a), kōrero (-tia, -hia, -ngia), mea (-tia), whakapuaki (-na)

say prayers karakia (-tia)

saying whakataukī

school kura

School Certificate Kura Tiwhikete

science pūtaiao

scold kohete (-tia)

score a try piro

Scotland Kotirana

scrape waru (-a, -hia)

screen (*computer*) pane

sea moana

season wā, kaupeka

second (*time*) hēkona

section wāhanga

see kite (-a)

see you (again/later) ka kite (anō)

seek (*with eyes only*) kimi (-hia)

seek (*physical search*) rapu (-a,-hia)

self ake

sell hoko (-na) atu

seller kaihoko

September Hepetema, Mahuru

serve – it serves you/him/etc right kaitoa

settled tau

seven whitu

shape āhua

she ia

sheet hīti

sheet of paper puka

shift neke (-hia)

shine kanapa

shine (*of the sun*) whiti (-a, -kia)

shining kanapa, pīata

shirt hāte

shoe hū

shop toa

short poto

short time – it was a short time before … poto nei te wā ka …

shortly afterwards taro ake

shot (*turn in a game*) whiu

shout ūmere (-tia)

shovel tākoko

show whakaatu (-ria, -hia)

show respect manaaki (-tia)

sick mate

sick of hōhā ki

side taha

sideline paetaha

sigh ngunguru (-tia)

silent (*keep silent*) whakahū

simultaneously tahi

sing waiata (-tia)

Singapore Hingapō

single (*unmarried*) takakau

sink puoto

sister (*of a female*) (*older*) tuakana (*plural* tuākana), (*younger*) teina (*dialect variation* taina) (*plural* tēina, tāina) sister (*of a male*) tuahine (*plural* tuāhine)

sister-in-law (*of a male*) auwahine (*plural* auwāhine)

sister-in-law (*of a female*) taokete

sit noho (-ia)

sitting room rūma noho

six ono

skateboarding retireti ā-papa wira

skiing retihuka

skill(s) pūkenga

skin-tight clothing kahupiri

Sky Tower Pourewa Rangi

slap paki (-a, -tia)

sleep moe (-a)

sleepyhead moeroa

slow pōturi, takaware

small iti

smell (*sweet*) kakara

smoke auahi

smoke (cigarettes) kai hikareti, kai paipa

snatch kapo (-hia)

sniff hongi (-hia)

so heoi anō, nō/nā reira

so to say arā

sob hotuhotu

social studies tikanga-ā-iwi

social worker kaimahi-ā-iwi

socks tōkena

sodium konutai

soft ngohengohe, ngāwari

soft drink waireka

softball poi ngohengohe

soldier hōia

some he

some (*of a group*) ētahi (*dialect variation* ētehi)

some ... others ... ētahi ... ētahi ...

sometimes i ētahi wā

somewhat hanga, āhua

son tama

song waiata

son-in-law hunaonga

soon (*in the immediate future*) āianei

soon (*shortly*) ākuanei; wawe

sore mamae, mate

sorry taku pōuri atu

sorry about that aroha ana

sort (*noun*) momo

sound haruru

south tonga, runga

South Africa Awherika ki te Tonga

South America Amerika ki te Tonga

South Island Te Waipounamu

sow (*female pig*) whāereere

spade kāheru

spaghetti pāketi

Spain Peina

Spanish Paniora

sparkling kanapa, pīata

speak kōrero (-tia, -hia, -ngia)

speak – make a formal speech whaikōrero (-tia, -hia, -ngia)

speaker kaikōrero

species momo

spoon pune, koko

sport hākinakina

sports ground papa tākaro

spread out hora (-hia)

spring (*season*) koanga

square tapawhā orite

stack (*verb & noun*) pūkei (-tia) (*dialect variation* pūkai (-tia*))

start tīmata (-ria, -tia, -ngia); tīmatanga

start on tahuri (-tia, -hia)

starving matekai, mate i te kai

station teihana

stay noho (-ia)

steadfast manawanui, ū

steal tāhae (-tia)

stepfather matua kē

stick to ... (*command*) kia mau ki ...

still tonu

47

stockings tōkena
stomach puku
stool tūru
stoop tuohu (-tia)
stop (doing that) kāti
stop that whakamutu atu
store toa
story kōrero
stove tō
straighten up whakatika (-ina)
street rori, huarahi, ara, tiriti
stretch out toro (-na)
stroke (*medical condition*) ikura roro
stroll hāereere
strong kaha, ū
student ākonga
study (a subject) whai (-a), whakamātau (-ria)
study time wā akoranga
subject (*school*) kaupapa ako, marau
subtribe hapū
suburb moka tāone

suddenly tata tonu
sufficient – there is/are sufficient he nui
sugar huka
summer raumati
sun rā
Sunday Rātapu
sunset tōnga (o te rā)
supermarket toa hokomaha
support – I support that tautoko
support tautoko (-na, -tia, -ngia)
surely tūturu
surface mata
surfing whakaheke ngaru
sweep puruma (-tia), tahi (-a), tahitahi (-a)
sweet reka
sweet potato kūmara (*dialect variation* kūmera)
sweetheart tau
swim kauhoe (-tia)
swimming kauhoe
swimsuit kākahu kaukau

table tēpu
tablecloth whāriki tēpu
tail hiku
take (*carry*) hari (-a), tari (-a), kawe (-a, -ngia)
take (*a course of study*) whai (-a)
take (away) tango (-hia)
take drugs kai taru kino
take home whakahoki (-a, -ngia)
take out tango (-hia)
takeaways (*food*) kai hokohoko
talent pūmanawa
talk kōrero (-tia, -hia, -ngia)
tall roa (*people*), teitei, tiketike
tap kōrere

taste hā
taxi tākihi (*dialect variation* tēkihi)
taxi driver kaitoko tēkehi
tea tī
tea bag kori tīraurau
teach whakaako (-na, -tia, -ngia)
teacher kaiwhakaako, kaiako
team rōpū
technology hangarau
teenager taitama, taitamaiti (*plural* taitamariki)
telephone waea (-tia)
telephone call waea
television pouaka whakaata, taonga whakaata

television programme whakaaturanga

tell kī (-a), kōrero (-tia, -hia, -ngia)

tell jokes kōrero paki

tell off kohete (-tia)

tell stories kōrero paki

ten tekau

ten pin bowling maita tekau pine

tennis tēnehi

thank you kia ora

thanks very much kia ora rawa atu

that (*already mentioned*) taua

that (*near listener*) tēnā

that (*over there – away from speaker and listener*) tērā

that is (to say) arā, me kī

that is / that's koia

that's enough whakamutu atu

that's it koinā

the (already mentioned) taua (*plural* aua)

the te (*plural* ngā)

their (*'the three or more of them'*) tā rātou (*plural* ā rātou), tō rātou (*plural* ō rātou), nā rātou, nō rātou (*see table on page 90 for guide on usage*)

their (*'the two of them'*) tā rāua (*plural* ā rāua), tō rāua (*plural* ō rāua), nā rāua, nō rāua (*see table on page 89 for guide on usage*)

them (*two of them*) rāua

them (*more than two*) rātou

theme kaupapa

there – … is / are there (*near listener*) konā

there reira

there (it is) (*near listener*) anā

there (it is) (*over there – away from speaker and listener*) arā

there – … is / are there (*over there – away from speaker and listener*) korā

therefore nō / nā reira

these (*near speaker*) ēnei

these are koinei

they (*two of them*) rāua

they (*more than two*) rātou

thin tūai, tūpuhi

thing mea

think whakaaro (-tia, -hia, -ngia), mahara (-tia)

think – what do you think pēhea ō whakaaro

think (mistakenly) pōhēhē (-tia)

thirsty hiainu

this (*near speaker*) tēnei

this is koinei

this side (*of a distant object or place*) kō mai

those (*already mentioned*) aua

those (*near listener*) ēnā

those (*over there – away from speaker and listener*) ērā

thought whakaaro

thousand mano

three toru

throughout New Zealand Aoteroa whānui

throughout the country i te mata o te whenua

throw whiu (-a)

Thursday Rāpare, Tāite

ticket tīkiti

tidy (*adjective*) nahanaha

tidy whakatika (-ina)

time wā, tāima

timetable wātaka

tired ngenge

tired of hōhā ki

to ki

toast tōhi (-a)

toasted-sandwich maker whakatōhi hanawiti

toaster whakatōhi

today tēnei rā

toenail maikuku

together ngātahi, tahi

toilet pan heketua

tomato tōmato

tomorrow āpōpō

too (*also*) hoki

too rawa

topic kaupapa kōrero

total (*amount/number*) katoa
total immersion rumaki i te reo
touch whakapā (-ngia)
touch rugby whutupōro whakapā
tourism tāpoi
tourist kaiwhakatāpoi
towel tauera (*dialect variation* tauwera)
tower pourewa
town tāone
train (*develop*) whakapakari (-tia, -hia)
training scheme whakahaere whakangungu
treasured taonga
treat with care taurima (-tia)

tribe iwi
trip – go on a trip haere whakangahau
trip (*noun*) haere whakangahau
trouble raruraru
trousers tarau
true tika
try ngana
Tuesday Rātū, Tūrei
turn huri (-hia)
turn to tahuri (-tia, -hia)
twin māhanga
two rua
type momo

umbrella hamarara
uncle matua kēkē
under raro
underneath raro
underworld rarohenga
unique ahurei
unity whakakotahitanga
university whare wānanga
unmarried takakau
until next year tae noa ki tērā tau
unveiling (*of a headstone*) hura kōhatu
upwards ake

us (*him/her and me*) māua
us (*them and me*) mātou
us (*you and me – more than two of us*) tātou
us (*you and me – the two of us*) tāua
use up whakapau (-hia)
used to waia
used up pau
useless – ... is/are/was/were useless kāore
  he take o ...
utensils taputapu
utter (*say*) whakapuaki (-na)

vacuum horopuehu (-tia)
vacuum cleaner horopuehu
valuable taonga
vase ipu
vegetable hua whenua

very tino
very good rawe
Victoria University Te Whare Wānanga o
  Wikitoria
video camera kāmera ataata

video cassette player pūrere ataata

video game tākaro ataata

video game machine mīhini ātea

video games parlour wāhi tākaro ataata, whare tākaro ataata

video shop toa ataata

view tirohanga

vine aka

visitor manuhiri

volcano puia

volleyball poirewa

wages utu-ā-haora

wait (*exclamation*) taihoa

wait tatari (tāria)

waiter kaiwhakarato kai

wake up oho (-tia)

wake up suddenly / with a start ohorere

walk hīkoi (-tia)

wall pakitara

want hiahia (-tia)

wardrobe kapata kākahu

warm mahana

warm – make warm whakamahana (-tia)

warm up whakamahana (-tia)

wash horoi (-a, -ngia)

washbasin oko horoi

washing machine pūrere horoi

washing powder rehu horoi

watch mātakitaki (-tia)

watch (*timepiece*) wati

watch television mātakitaki taonga whakaata

water wai

way ara

we (*he/she and I*) māua

we (*they and I*) mātou

we (*you and I – more than two of us*) tātou

we (*you and I – the two of us*) tāua

weak ngoikore

wearing (*clothes*) mau

weather huarere, rangi, āhua o te rangi

Wednesday Rāapa, Wenerei

weed ngaki (-a)

weed otaota

week rāwhitu, wiki

weekend rā whakatā (*always plural*), paunga rāwhitu

weep tangi (-hia)

weight taumaha

welcome haere mai

well (*interjection*) heoi anō

well ora, pai

well then kāti noa, tēnā koa

well-being ora

Wellington Te Whanga-nui-a-Tara, Pōneke, Te Ūpoko o Te Ika

west hauāuru

wet mākū

what aha

what (is / are) he aha

where hea (*dialect variation* whea)

which (one) tēhea (*plural* ēhea)

white mā

who / whom wai

wide whānui

widow pouaru

widower pouaru

wife hoa rangatira, wahine (*plural* wāhine)

wind hau

window matapihi

windsurfing mirihau

winter takurua

wish pīrangi (-tia)

with me

with (*an object*) ki

woman wahine (*plural* wāhine)

word kupu

work – have work whai mahi

work (*verb & noun*) mahi (-a, -tia, -ngia)

worker kaimahi

world ao

worn out (*exhausted*) kua pau te hau

worn out (*materials*) ruha

worry māharahara (-tia), āwangawanga (-tia)

writer kaituhi

yarn (*talk*) kōrero paki

year tau

year before last i tērā atu tau

yearn wawata (-tia)

yearning wawata

yellow kōwhai

yes āe, āna (*Wanganui, Taranaki dialect*)

yes indeed āe hoki

yesterday i nanahi (*or* inanahi)

yet tonu

yoghurt miraka tepe

you (*more than two*) koutou

you (*one person*) koe

you (*two of you*) kōrua, (*dialect variation* kōurua)

young (*of animals*) punua

young people rangatahi

younger brother (*of a male*) teina (*dialect variation* taina) (*plural* tēina, tāina)

younger sister (*of a female*) teina (*dialect variation* taina) (*plural* tēina, tāina)

youngest (*brother, sister*) kauaeraro

youngest (*child in a family*) pōtiki

your (*one person*) tō (*plural* ō), tāu (*plural* āu), tōu (*plural* ōu), nāu, nōu (*see table on page 89 for guide on usage*)

your (*'you two'*) tā kōrua (*plural* ā kōrua), tō kōrua (*plural* ō kōrua), nā kōrua, nō kōrua (*see table on page 89 for guide on usage*)

your (*'three or more of you'*) tā koutou (*plural* ā koutou), tō koutou (*plural* ō koutou), nā koutou, nō koutou (*see table on page 90 for guide on usage*)

youth taitama

youth (*as a group*) rangatahi

WORDS IN THEMATIC LISTS

1 **People** — *Ngā tāngata*
2 **Feelings and emotions** — *Ngā ariā me ngā aronganui*
3 **Parts of the body** — *Ngā wāhanga o te tinana*
4 **Time, seasons and the calendar** — *Te wā me te maramataka*
5 **Location** — *Te wāhi*
6 **Countries of the world** — *Ngā whenua o te ao*
7 **Cities of the world** — *Ngā tāone nui o te ao*
8 **Geographical features** — *He āhua papawhenua*
9 **Weather** — *Te huarere*
10 **Measurement** — *Te ine*
11 **Shapes** — *Ngā āhua*
12 **House and garden** — *Te whare me te māra*
13 **Computers** — *Ngā rorohiko*
14 **Food** — *Ngā kai*
15 **In the country** — *I te taiwhenua*
16 **In town** — *I te tāone*
17 **Education** — *Te mātauranga*
18 **Transport** — *Ngā waka hari tangata*
19 **Work** — *Te mahi*
20 **Leisure, sport and pastimes** — *Ngā mahi-a-rehia*
21 **Clothing** — *Ngā kākahu*
22 **Health** — *Te hauora*

1 People — *Ngā tāngata*

Gender, ages and stages

adult *pakeke, paheke*

baby *pēpi*

elder, senior person in relationship group (*term of respect*) *kaumātua*

girl *kōtiro, kōhine, hine*

infant (*carried in the arms*) *piripoho*

man, male *tāne*

old man *koro, koroua, koroheke*

old woman *kuia*

single (*unmarried*) person *takakau*

teenagers *taitamariki*

widow, widower *pouaru, takahore*

woman, female *wahine*

young child, toddler *kōhungahunga*

young man, male teenager *taitama*

young people *matatahi, rangatahi*

young woman, female teenager *taitamāhine*

youngest child *pōtiki, muringa, mātāmuri*

Groups

group of common age or purpose (e.g. a team, class, club) *rōpū*

group travelling together for a purpose *tira, uepū*

group whose purpose is not yet identified (e.g. coming onto a marae) *ope*

informal group or crowd *hunga*

Family relationships

General terms

family, extended family *whānau*

family relationships *whanaungatanga*

person related by blood *karanga*

person related in two ways *karanga-rua*

relatives *huānga, whanaunga, karangatanga*

sub-tribal group *hapū*

tribal group *iwi*

Older generations

aunt *whaea kēke, whaene*

father *matua, pāpā*

foster parent *matua whāngai, matua taurima*

grandfather *tipuna, tupuna, poua*

grandmother *tipuna, tupuna, tāua*

mother *whaea, matua wahine, whaene, kōkā, māmā*

parent *matua*

stepfather *mātua kē, matua whakaangi*

stepmother *whaea kē*

uncle *matua kēkē*

Family relationships (continued)

Younger generations

child *tamaiti*

children *tamariki*

daughter *tamāhine*

eldest child *mātāmua, muanga*

foster child *tamaiti whāngai*

grandchild *mokopuna*

male child *tamatāne*

nephew, niece *irāmutu*

only child *tautahi, huatahi*

orphan *pani*

son *tama*

stepdaughter *tamāhine kē*

stepson *tama kē*

Same generation

brother or male cousin (*of a female*) *tungāne*

eldest brother or sister *kauaemua*

older brother or male cousin (*of a male*) *tuakana*

older sister or female cousin (*of a female*) *tuakana*

sister or female cousin (*of a male*) *tuahine*

step-brother (*of a female*) *tungāne kē*

step-sister (*of a male*) *tuahine kē*

twins *māhanga*

younger brother or male cousin (*of a male*) *teina* (dialect variation *taina*)

younger sister or female cousin (*of a male*) *teina* (dialect variation *taina*)

youngest brother or sister *kauaeraro*

Relations by marriage

brother-in-law (*of a man*) sister-in-law (*of a woman*) *taokete*

brother-in-law (*of a woman*) *autāne*

daughter-in-law *hunaonga, hunonga*

father-in-law *hungarei, hungawai*

husband *tāne, hoa rangatira*

mother-in-law *hungarei, hungawai*

parents-in-law *hungarei, hungawai*

sister-in-law (*of a man*) *auwahine*

son-in-law *hunaonga, hunonga*

wife *wahine, hoa rangatira*

2 Feelings and emotions — *Ngā ariā me ngā aronganui*

Strong physical sensations

dizziness; dizzy *ānini*

giddiness; giddy *ānini*

hunger; hungry *hiakai, matekai*

numbness; numb *matakerekere*

out of breath *hēmanawa*

pain *mamae*

sick *māuiui*

sleepy *matemoe, hiamoe*

sore *mamae*

thirst; thirsty *hiainu, matewai*

unwell *māuiui*

Feeling good

content *tatū, na, ngata*

contented *toko te manawa*

excited *nanawe*

exuberance; exuberant *ngangahau*

happiness; happy *koa, hari, harikoa*

joy, joyful *koa, hari, harikoa*

lucky *waimarie*

overjoyed *manawarū*

pride; proud *whakahīhī*

well *ora*

Positive attitudes

acquiescence; acquiescent *whakaririka*

amenable *ngākau mahaki, ngāwari*

confidence *māiatanga, whakamanawatanga*

confident *māia*

curiosity; curious *pākiki*

determined *pūkeke*

determination *hiringa*

eagerly desire *hihiri*

eagerness; eager *kaikā, ngākaunui*

even-tempered *hūmarie*

inquisitive *uiui*

optimism; optimistic *ngākau rorotu*

patience; patient *manawa-nui*

thoughtful *pūmahara, whai whakaaro*

steadfast *titikaha*

Feeling positive towards others

admiration; admire; admiring *mīharo*

loving *aroha, mateoha*

Feeling bad

depression; depressed *hēmanawa, pōuri*

disheartened *hēmanawa*

dismay; dismayed *pōraru, pōtatutatu*

dispirited *hēmanawa*

grief; grieving *pōuri, pāmamae, pūkatokato*

pine; pining *whakamomori*

pessimism; pessimistic *hākerekere*

sadness; sad *pōuri, hinapōuri*

stressed out *pōkaikaha*

Feeling frustrated

bored *hongehongeā, hokehokeā, hōhā ki ...*

exasperated *hēmanawa*

exasperation *hohoia*

frustration; frustrated *muhumuhu, pōkaikaha*

impatience; impatient *kaikā, kaikaha*

sulking *whakamau*

Feeling worried

anxiety; anxious *anipā, mānukanuka*

concern *āwangawanga*

concerned about *āwangawanga ki ...*

worry; worried *āwangawanga, māharahara*

Feeling afraid

fear; afraid *mataku*

apprehension; apprehensive *manawapā, mānukanuka*

fright; frightened *mataku, koera*

Feeling confused

confusion; confused *rangirua*

disbelief; disbelieve *whakahori, whakaparau*

dumbfounded *matakerekere*

flustered *hēmanawa*

foolish *heahea, rorirori*

in a daze *wairangi*

in doubt *rangirua*

puzzled *mānukanuka*

silly *heahea*

uncertain *rangirua*

Feeling negative towards others

anger; angry *pukuriri, riri, whakatakariri*

antagonism; antagonistic *nihoniho*

disgust; disgusted *anuanu, mākinokino, whakarihariha*

envy; envious *pūhaehae*

hate; hate-filled *mauāhara*

hostile *pukuriri, toheriri*

indignant *whakatakariri*

irritated *kārangi, toī*

jealous *harawene*

malicious *hīkaka, waniwani*

quarrelsome *nihoniho, ngaweri, tumatuma*

vindictive *whakamau*

violent *pākaha*

3 Parts of the body — *Ngā wāhanga o te tinana*

arm *ringa(ringa)*
back *tuarā*
body *tinana*
bottom *kumu, tou, whero*
brain *roro*
breast *poho, uma, ū*
chest *poho, uma*
ear *taringa*
eye *karu, whatu*
face *kanohi, mata*
finger *matihao*
fingernail *maikuku*
foot *waewae*

forehead *rae*
hair *huruhuru, makawe*
hand *ringa(ringa)*
head *māhunga, matenga, ūpoko, pane*
jaw *kauae, kauwae*
knee *turi*
leg *waewae*
mouth *māngai, waha*
neck *kakī*
nose *ihu*
stomach, belly *puku*
toenail *maikuku*

4 Time, seasons and the calendar — *Te wā me te maramataka*

Parts of the day

afternoon *ahiahi*
dawn, sunrise *atatū*
day (daylight), daytime *awatea*
evening *ahiahi, ahiahi pō*
midday *poupoutanga (o te rā)*

midnight *waenganui pō*
morning *ata*
night, night-time *pō*
sunset *tōnga (o te rā)*

Telling the time

What's the time? *He aha te tāima? He aha te wā?*
One o'clock. *Kotahi karaka.*
Eleven o'clock. *Tekau mā tahi karaka.*
Eight o'clock. *Waru karaka.*
Quarter past eight. *Hauwhā mai i te waru karaka.*

Eighteen past eight. *Tekau mā waru meneti mai i te waru karaka.*
Half past eight. *Haurua mai i te waru karaka.*
Quarter to nine. *Hauwhā ki te iwa karaka.*
Five to nine. *E rima meneti ki te iwa karaka.*

Days of the week

Monday	Tuesday	Wednesday	Thursday	Friday	Saturday	Sunday
Mane	*Tūrei*	*Wenerei*	*Tāite*	*Paraire*	*Hātarei*	*Rātapu*
Rātahi	*Rārua*	*Rātoru*	*Rāwhā*	*Rārima*	*Rāhoroi*	
Rāhina	*Rātū*	*Rāapa*	*Rāpare*	*Rāmere*		

Months and seasons of the year

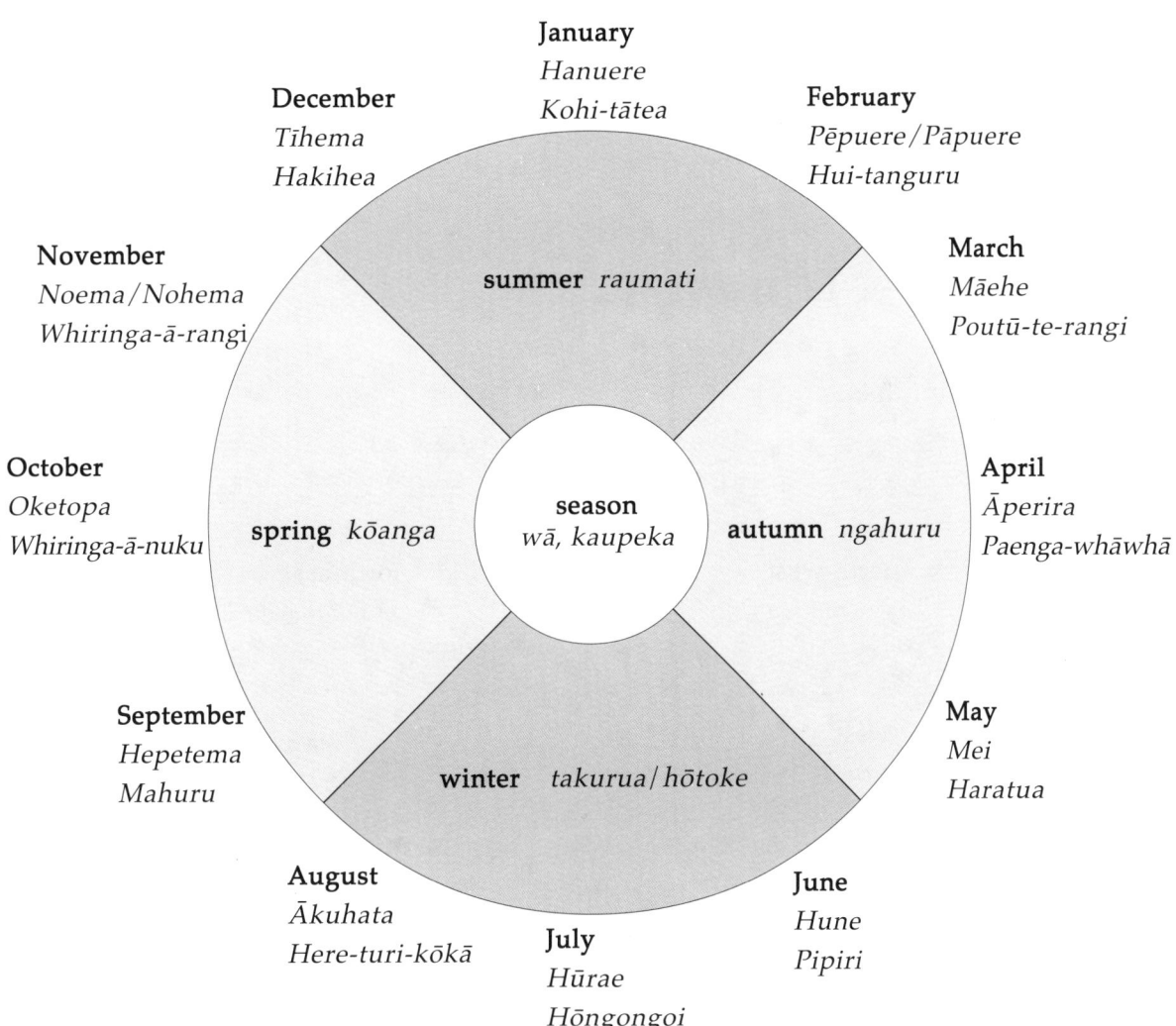

January
Hanuere
Kohi-tātea

December
Tīhema
Hakihea

February
Pēpuere/Pāpuere
Hui-tanguru

November
Noema/Nohema
Whiringa-ā-rangi

March
Māehe
Poutū-te-rangi

summer *raumati*

October
Oketopa
Whiringa-ā-nuku

April
Āperira
Paenga-whāwhā

spring *kōanga*

season
wā, kaupeka

autumn *ngahuru*

September
Hepetema
Mahuru

May
Mei
Haratua

winter *takurua/hōtoke*

August
Ākuhata
Here-turi-kōkā

June
Hune
Pipiri

July
Hūrae
Hōngongoi

Periods of time

second *hēkona*
hour *haora*
day *rā*
week *wiki, rāwhitu*
weekend *(ngā) rā whakatā, paunga rāwhitu*
month *marama*

year *tau*
century *rautau*
decade *tekau tau*
millennium *mano tau*
aeon *manomano tau*
epoch, era *wā*

Special days

anniversary *huritau*
birthday *rā huritau, rā whānau*
Christmas Day *Rā Kirihimete*
Christmas Eve *Ahiahi i mua i te Kirihimete*
Easter *Aranga*
Labour Day *Rā Mahi*

New Year *Tau Hou*
New Year's Day *Rā o te Tau Hou*
New Year's Eve *Ahiahi i mua i te Tau Hou*
Queen's Birthday *Rā Huritau o te Kuini*
Waitangi Day *Rā o Waitangi*

5 Location — *Te wāhi*

Points of the compass

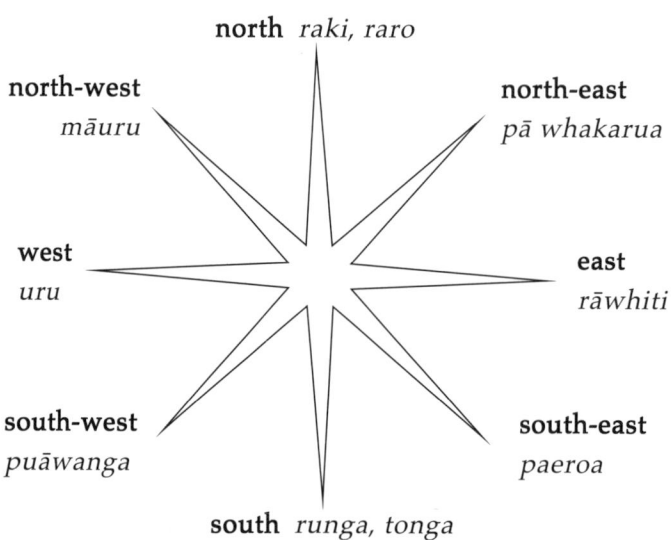

North Pole *Pouaho Raki*

north *raki, raro*

north-west *māuru*

north-east *pā whakarua*

west *uru*

east *rāwhiti*

south-west *puāwanga*

south-east *paeroa*

south *runga, tonga*

South Pole *Pouaho Tonga*

Local nouns

Local nouns are a special set of words that specify some
location or place. Here are the most common.

konā there (by you)

konei here

korā there (over there)

mua the front, in front of, before

muri behind, after, the rear

raro under, beneath

reira there (that place mentioned before)

roto inside

runga top, on, above

tai the sea (from the land)

tata close by, near

tātahi seaside, shore, beach

tāwāhi/rāwāhi across, the other side of (a
sea, river or valley), overseas

tua behind (some object), beyond

uta the shore (from the sea)

waenganui middle, between

waho outside

These local nouns are not preceded by *te, ngā* or pointing-out
words such as *tēnei, tēnā* or *tērā*.

> *Ka haere māua ki waho i te whare.* We're going outside the
> house.
> *Kei roto te kōtiro i tōna rūma.* The girl is in her room.

When a local noun or a place name is the subject of a sentence,
it is preceded by the particle *a*.

> *He whero a runga.* The top part is red.
> *He tāone tino nui a Ākarana.* Auckland is a big city.
> *He makariri a waho o te whare, engari he mahana a roto.*
> The outside of the house is cold, but the inside is warm.

6 Countries of the world — *Ngā whenua o te ao*

Afghanistan *Awhekenetāna*

Albania *Arapeinia*

Algeria *Aratiria*

American Samoa *Hāmoa Amerikana*

Andorra *Anatōra*

Angola *Anakora*

Antigua *Te Moutere Nehe*

Argentina *Āketina*

Armenia *Āmenia*

Australia *Ahitereiria*

Austria *Ateria*

Azerbaijan *Ahepaihāni*

Bahamas *Pāhama*

Bahrain *Pāreina*

Bangladesh *Penekāri*

Barbados *Papatohe*

Belarus *Pērara*

Belgium *Pehiamu*

Belize *Pērihi*

Bermuda *Pāmura*

Bhutan *Putāna*

Bolivia *Poriwia*

Bosnia-Herzogovina *Pōngia-Herekōmina*

Botswana *Poriwana*

Brazil *Pārihi*

British Virgin Islands *Ngā Moutere Puhi*

Brunei *Poronai*

Bulgaria *Purukāria*

Burma *Pēma*

Burundi *Puruniti*

Cameroon *Kamerūna*

Canada *Kanata*

Cayman Islands *Ngā Moutere Kāmana*

Chad *Kāta*

Chile *Hiri*

China *Haina*

Colombia *Koromōpia*

Costa Rica *Koto Rika*

Croatia *Koroātia*

Cuba *Kūpā*

Cyprus *Haipara*

Denmark *Tenemāka*

Dominican Republic *Tomonaki*

Ecuador *Ekuatoa*

Egypt *Ihipa*

El Salvador *Erehāratoa*

England *Ingarangi*

Eritrea *Eriterea*

Estonia *Etonia*

Ethiopia *Etiopia*

Fiji *Whītī*

Finland *Hinerangi*

France *Wīwī*

The Gambia *Te Kamopia*

Georgia *Hōria*

Germany *Tiamana*

Ghana *Kāna*

Gibraltar *Kāmaka*

Great Britain *Piritene Nui*

Greece *Kirihi*

Greenland *Whenua Kākāriki*

Grenada *Kerenara*

Guadeloupe *Kuatarūpe*

Guam *Kuamu*

Guatemala *Kuatamāra*

Guinea *Kini*

Guyana *Kaiana*

Haiti *Haiti*

Honduras *Honotura*

Hong Kong *Hongipua*

Hungary *Hanekeria*

Iceland *Tiorangi*

India *Īnia*

Indonesia *Initonīhia*

Iran *Īrāna*
Iraq *Īrāki*
Ireland *Airangi*
Israel *Iharaira*
Italy *Itāria*
Ivory Coast *Te Tai Rei*
Jamaica *Hemeika*
Japan *Hapana, Nipono*
Jordan *Hōtene*
Kazakhstan *Katatānga*
Kenya *Kenia*
Kiribati *Kiripati*
Kirgizstan *Kikitānga*
Korea *Kōrea*
Kuwait *Kūweiti*
Laos *Rāoho*
Latvia *Rāwhia*
Lebanon *Repanona*
Lesotho *Teroto*
Liberia *Raipiria*
Libya *Ripia*
Lithuania *Rituānia*
Luxembourg *Rakapuō*
Macau *Makau*
Madagascar *Matakāhita*
Malawi *Marāwi*
Malaysia *Mareia*
Maldives *Māratiri*
Mali *Māri*
Malta *Mārata*
Marshall Islands *Ngā Moutere Māhara*
Martinique *Māritinika*
Mauritius *Marihi*
Mexico *Mēhiko*
Monaco *Monāko*
Mongolia *Mongōria*
Morocco *Moroko*
Mozambique *Mohapiki*
Myanmar *Pēma*
Namibia *Namīpia*

Nauru *Nauru*
New Zealand *Aotearoa*
Nepal *Nepōra*
Netherlands *Hōrana*
New Caledonia *Kanaki*
Nicaragua *Nikarāhua*
Niger *Ngāika*
Nigeria *Ngāitiria*
Niue *Niue*
Norfolk Island *Te Moutere Nōpoke*
North Korea *Kōrea ki te Raki*
Norway *Nōwei*
Oman *Omāna*
Pakistan *Pakitāne*
Panama *Panama*
Papua New Guinea *Papua Nūkini*
Paraguay *Parakai*
Peru *Perū*
Philippines *Piripīni*
Pitcairn Island *Te Moutere o Pitakēna*
Poland *Pōrana*
Portugal *Potukara*
Puerto Rico *Peta Riko*
Qatar *Katā*
Romania *Romeinia*
Russia *Rūhia*
Rwanda *Rāwana*
Samoa *Hāmoa*
San Marino *Hana Marino*
Saudi Arabia *Hauri Arāpia*
Scotland *Kotarangi*
Senegal *Henekara*
Serbia and Montenegro *Hirupia-Maungapango*
Seychelles *Heikere*
Sierra Leone *Te Araone*
Singapore *Hingapoa*
Slovakia *Horowākia*
Slovenia *Horowinia*
Solomon Islands *Ngā Motu Horomona*

Somalia *Hūmārie*

South Africa *Āwherika ki te Tonga*

South Korea *Kōrea ki te Tonga*

Spain *Peina*

Sri Lanka *Hiri Rānaka*

St Helena *Hato Hērena*

St Kitts *Hato Kete*

St Lucia *Hato Rūiha*

Sudan *Hūtāne*

Suriname *Huriname*

Swaziland *Warerangi*

Sweden *Huitene*

Switzerland *Huiterangi*

Syria *Hiria*

Taiwan *Taiwana*

Tajikistan *Takiritānga*

Tanzania *Tānahia*

Thailand *Tairanga*

Togo *Toko*

Tokelau *Tokerau*

Tonga *Tonga*

Trinidad and Tobago *Tirinaki-Tōpako*

Tunisia *Tūnihia*

Turkey *Whenua Korukoru*

Turkmenistan *Tukumanatānga*

Tuvalu *Tūwaru*

U.S.A *Te Hononga o Amerika*

Uganda *Ukānga*

Ukraine *Ūkareinga*

United Kingdom *Piritene*

Uruguay *Urukoi*

Uzbekistan *Uhipeketāne*

Vanuatu *Whenuatū*

Venezuela *Penehūera*

Vietnam *Whitināmu*

Wales *Wēra*

Zambia *Tāmipia*

Zimbabwe *Timuwawe*

7 Cities of the world — *Ngā tāone nui o te ao*

Ankara *Anakara*
Antwerp *Anatepe*
Athens *Ātene*
Apia *Āpia*
Auckland *Ākarana, Tāmaki-makau-rau*
Baghdad *Pākatata*
Bangkok *Pangakoko*
Beijing *Peihinga*
Berlin *Pearīni*
Bethlehem *Peterehama*
Bogotá *Pokotā*
Bonn *Pono*
Brisbane *Piripane*
Brussels *Paruhi*
Canberra *Kānapera*
Dublin *Tāperene*
Frankfurt *Parewhiti*
Geneva *Hiniwa*
The Hague *Te Heke*
Hamburg *Hamupēke*
Honiara *Honiara*
Jakarta *Tiakāta*
Jeddah *Hera*
Jerusalem *Hiruharama*
Karachi *Karāti*
Kathmandu *Katamarū*
Kuala Lumpur *Kuara Rūpa*
Lima *Rima*
Lisbon *Rīpene*
London *Rānana*
Los Angeles *Ngā Anahera*
Manila *Manīra*
Melbourne *Poipiripi*
Memphis *Mēpihi*
Mexico City *Te Tāone o Mēhiko*
Milan *Mīrana*
Montevideo *Maungaata*
Montreal *Maungaihi*

Moscow *Mohikau*
Nagoya *Nakoia*
Nairobi *Ngāiropi*
New Delhi *Nūteri*
New York *Te Āporo Nui*
Noumea *Noumea*
Nuku'alofa *Nuku'aroha*
Osaka *Ohaka*
Oslo *Ōhoro*
Ottawa *Otawa*
Pape'ete *Pape'ete*
Paris *Parī*
Port Moresby *Poi Moahipi*
Port of Spain *Te Poi o Pāniora*
Port Vila *Poi Whira*
Quebec City *Te Kuititanga*
Riyadh *Riata*
Rome *Roma*
San Diego *Hana Piako*
Santiago *Hanatiāko*
Sao Paolo *Hao Pāoro*
Seattle *Heātara*
Seoul *Houra*
Shanghai *Hangahai*
Singapore *Hingapoa*
Stockholm *Tokoomo*
Suva *Huha*
Sydney *Poihākena*
Tarawa *Tarawa*
Tehran *Terāna*
Tokyo *Tōkio*
Valleta *Whāreta*
Vancouver *Te Whanga-a-Kiwa*
Vatican *Te Poho o Pita*
Vienna *Whiena*
Washington *Wāhitāone*
Wellington *Pōneke, Te Whanganui-a-Tara*

8 Geographical features — *He āhua papawhenua*

bank (of river) *tahatika*

bay *kokoru, korutanga, whanga*

beach *one, tāhuna*

cave *ana*

cliff *pari*

coast *tai, takutai*

coast, shore (*rocky*) *ākau*

deep swamp *mātā*

delta *pūwaha*

field, paddock, meadow *pātiki*

fiord *tai matapari*

forest, bush *ngahere*

glacier *waiparahoaka, huka pō*

harbour *whanga*

hill *puke, hiwi*

hot spring (*volcanic*) *ngāwhā*

inland, rural *taiwhenua*

inlet *kokoru, aka*

island *motu, moutere*

lake *roto*

land *whenua*

mountain *maunga*

mouth (of a river) *ngutu o te awa, wahapū*

open sea *au moana, moana waiwai*

peninsula *pukurae, kūrae, koutu*

plain *raorao, mānia*

plateau *paepapa*

pool *terenga, hōpuapua*

promontory, headland *matarae*

reef *pūkawa, tokarārangi*

river *awa*

rivermouth *wahapū, ngutu o te awa*

rock *toka*

sea, ocean, large lake *moana*

shallow swamp *kōrepe*

source (of a river) *mātāpuna*

spring *matatiki, puna*

stream *pūkaki, manga*

swamp, marsh *repo*

tributary *kautawa*

undulating open country *pārae*

valley *whārua, whāruarua, riu, awaawa*

volcano *puia*

9 Weather — *Te huarere*

anticyclone, high pressure *pēhanga nui, kurahaupō*

breeze; breezy *angiangi, kāwatawata, kōhengi*

chilly *maeke*

climate *āhuarangi*

cloudy, overcast *kōmaru, kōruki, tukumaru, tāmaru*

cold *makariri*

cool *kōangiangi, hauangi*

cyclone *kurahau-awatea*

dew *tōmairangi, haukū*

drenching rain, heavy shower *ua kōpiro*

drizzle *kōnehunehu, hāuaua*

drought *tauraki, taurakitanga*

dry *maroke*

fine *paki*

flood *waipuke*

fog, mist; foggy, misty *kohu, pūkohukohu*

frost *hukapapa, haupapa*

hail *hukātara, huata, ua whatu*

haze; hazy *kōrehu, kōrehurehu*

heat; hot *wera*

humidity; humid *takawai, pīpīwai*

hurricane, tornado *haumātakataka, huripari, taupoki*

light rain *kōwhaowhao*

lightning *hiko*

rain *ua, marangai*

snow *huka, hukarere*

spitting (*of rain*) *kōuaua*

squall; gusty *apū, pōkākā, pōua*

storm; stormy *āwhā, tūpuhi*

temperate *hātai*

temperature *pāmahana, mahana*

thunder *whaitiri, whatitiri*

tropical *pārū, pārūrū*

warm *mahana*

weather *āhua o te rangi, huarere*

windy *hauhau*

10 Measurement — *Te ine*

General terms

amount, size *rahinga*

capacity *kītanga*

decimal system *pūnaha tekau*

degree (*on scale*) *whakarautanga*

depth *hōhonu*

distance *tawhiti*

interval *āputa*

height, altitude *teitei*

length *roa(nga)*

maximum *mōrahi*

minimum *mōkito*

measure, measurement *ine*

metric system *pūnaha ngahuru*

scale *āwhata*

speed, velocity *tere*

weight *taumaha*

width, breadth *whānui*

Distance and location

angle *koki*

centimetre *mitarau, henimita*

circumference, perimeter *pae*

decimetre *mita-tekau*

degree (*of angle*) *putu*

diameter *whitianga*

kilometre *kiromita, manomita*

knot (nautical mile) *maero kaumoana*

latitude *aho pae*

longitude *aho pou*

map *mahere whenua, mapi*

metre *mita*

millimetre *mitamano*

mile *maero*

radius *pūtoro*

Area

hectare *heketea*

square metre *mita pūrua*

Weight

gram *karama*

kilogram *kirokarama, manokarama*

tonne *manokiro(karama)*

Volume, capacity

cubic metre *mita pūtoru*

kilolitre *kirorita*

litre *rita*

millilitre *ritamano*

11 Shapes — *Ngā āhua*

arc *pewa*
box *pouaka*
circle *porohita, porowhita*
concave *kōpapa*
cone *koeko*
convex *kōpiko*
corner *kokonga*
cube *mataono rite*
curve *ānau*
cylinder *rango*
diagonal *hauroki*
disc, disk *kōpae*
flat *paparahi*
framework *anga*
hexagon *tapaono*

layer *paparanga*
octagon *tapawaru*
parallel *whakarara*
pentagon *taparima*
quadrant *hauwhā porowhita*
rectangle *tapawhā*
ring-shaped *mōwhiti*
sector *pewanga*
shape *āhua*
sphere *poi*
spiral *tōrino*
square *tapawhā rite*
surface *mata*
symmetrical; symmetry *hangarite*
triangle *tapatoru*

12 House and garden — *Te whare me te māra*

House exterior
aerial *pou irirangi*
balcony *mahaurangi*
chimney *tumera, puta auahi*
door *kūaha, tatau*
doorbell *tatangi*
guttering *rere tuanui*

roof *tuanui*
spouting, downpipe *waiputa*
step *arapapa*
verandah, porch *mahau*
wall *pakitara, pātū*
window *matapihi, wini, mataaho*

Yard and garden
clothes line *tārawa*
concrete path *ara rāima*
dig *keri (-a), kari (-a)*
doormat *waiku*
drive(way) *ara kuhunga*
flower *putiputi, puāwai*
fork *paoka māra*

garden *māra, kāri*
gate *kēti, kuhunga*
grass, lawn *pātiti, mauti*
hedge *heti*
hoe *tipitipi, pere*
hose *ngongowai*
ladder *arawhata*

Yard and garden (continued)

mow *tapahi (-a)*

mower *moua*

path *ara, huarahi*

peg *pine*

rake *rakuraku, purau*

shed *pākoro*

shovel *hāpara*

shrub, bush *rake, kōkōmuka*

spade *kāheru*

sweep *tahitahi (-a), puruma (-tia)*

tree *rākau*

water *whakamākū (-tia)*

weed(s) *otaota*

weed *ngaki (-a)*

wheelbarrow *huripara*

yard *iāri*

Kitchen

bake *tunu (-a)*

bench *tūpapa*

boil *kōhua (-tia)*

broom *puruma*

burnt *wera*

butcher knife *oka*

chop *tapahi (-a), tapatapahi (-a)*

cook (by boiling) *kōhua (-tia)*

cupboard *kāpata*

dishes *pereti, taputapu*

dishcloth *muku*

dishes rack *rerewai*

dishwasher *pūrere horoi pereti*

electric jug *hāka hiko, tiaka hiko*

electric range *tō hiko*

freezer *pātaka tio, pātaka keo*

fry *parai (-tia)*

frying pan *parai, ipu parai*

gas stove *tō haumāori*

jug *hāka, ipurau, tiaka*

kettle *tīkera*

kitchen *kīhini*

microwave *ngaruiti*

pantry *pātaka*

peel *waru (-hia)*

plug *puru*

refrigerator *pātaka mātao, pouaka whakamātao*

roast *tunu (-a)*

rubbish bin *ipu para*

saucepan *kōhua*

shelf *papa, papatū*

sink *puoto*

slice (*noun*) *poro*

slice *kōripi (-a)*

stir *kōrori (-tia)*

stove *tō*

tap *kōrere*

teatowel *tauera, tauwera, tāora*

toaster *whakatōhi*

Dining room

bread board *papa parāoa*

butter dish *ipu pata*

chair, stool *tūru*

cup *kapu*

dining room *rūma kai*

dining table *tēpu kai*

fork *paoka, tirou, whāka*

glass (drinking) *karaehe*

knife *naihi, maripi, oka*

pass *hōmai, hoatu*

Dining room (continued)

plate *pereti*
saucer *hoeha*
serve *whakarato (-hia)*
serviette *parehūhare*

spoon *pune, koko*
table cloth *whāriki*
table mat *takapapa*
teapot *tīpata, takawai*

Bedroom

bed *moenga*
bedroom *rūma moe*
bedspread, quilt *uhimoenga, whāriki*
blanket, duvet *paraikete, pāpanarua*
box of tissues *pouaka rauangiangi*
brush *taitai, paraihe*
chest of drawers *waka kākaku*
clotheshanger *irikākahu*
comb (*noun*) *heru, koma*
comb *heru (-a)*
dream *moemoeā*
dressing table *tēpu whakapaipai*
fold *whātui (-a)*

hang *whakairi (-hia)*
lamp, light *rama*
make the beds *whakatika i ngā moenga*
mat *whāriki*
mirror *mira, whakaata*
pillow *urunga, pera*
pillow case *kōpaki*
rug *whāriki*
sheet *hīti*
sleep *moe*
snore *ngongoro*
wardrobe *kāpata kākahu*

Living room

armchair *nohoanga*
bookcase *pūpuka*
carpet *whāriki*
CD player *pūrere kōpaepae*
chat, converse *kōrerorero (-tia)*
coffee table *tēpu kawhe*
couch *nohoanga roa*
curtain *ārai*
cushion *aupuru, kuihana, paretua*
fireplace *pākaiahi*
heater *kare, hatete, whakamahana, hīta*
lampshade *marurama*
living room *rūma noho*

mantelpiece *papa*
picture *pikitia*
play (CDs, tapes) *whakatangi (-hia)*
radio *irirangi*
read *kōrero pukapuka*
record player *pūrere kōpae pūoro*
sofa, settee *hopa, nohoanga roa*
tape recoder *pūrere hopu tangi*
television set *pouaka whakaata, taonga whakaata*
vase *ipu*
video player/recorder *pūrere whakaata*
watch tv *mātakitaki pouaka whakaata*

Bathroom and toilet

antiseptic *patuero*

aspirin *rongoā ānini*

bath *kaumanga, kauranga, tāpu*

bathe *kaukau (-tia)*

bathroom *rūma kaukau*

bathroom cabinet *kāpata kaumanga*

brush teeth *paraihe (-tia) niho*

deodorant, anti-perspirant *patu mōrūruru*

dry (*adjective*) *maroke*

dry *whakamaroke (-tia)*

hand basin *oko horoi*

laundry basket *pūtea*

mat (bath/shower) *whāriki*

medicine *rongoā*

perfume *wai kakara*

plug hole *waiputa*

plug *puru*

razor *heu*

shampoo *hopi makawe*

shower *uwhiuwhi, hīrere*

soap *hopi*

sponge *hautai*

toilet *whare paku*

toilet pan *heketua, putanga hamuti, hamuti*

toilet paper *pepa heketua*

toothbrush *taitai niho, paraihe niho*

toothpaste *pāhi niho, pēniho*

towel *tauera, tauwera*

wash *horoi (-a)*

wash basin *oko horoi*

wet *mākū*

wipe *ūkui (-a)*

Laundry

bleach *whakakōmā (-tia), whakatōki (-a)*

bucket *pākete, ipuheri*

clothes dryer *pūrere whakamaroke kākahu*

dustpan *taipuehu*

iron (*noun*) *haeana, rino*

iron *haeana (-tia)*

ironing board *paparino*

laundry *rūma horoi kākahu*

laundry basket *pūtea*

rinse *opeope (-a)*

scrub *hūkui (-a), kōmukumuku (-a)*

scrubbing brush *kauoro*

soap powder *rehu horoi*

tub *puoto*

vacuum cleaner *horopuehu*

wash *horoi (-a)*

washing machine *pūrere horoi*

wring *whakawiri (-a)*

Hall

coat rack *irikākahu*

hall, vestibule *hōro, urumanga*

enter *uru (-a), hou (-a), kuhu (-na)*

entrance *tomokanga, kūaha*

pot plant *tīhake otaota*

shoe rack *mātiti hū*

stair *arapapa*

staircase *arapiki*

13 Computers — *Ngā rorohiko*

bold *taikaha*

bullet *matā*

CD, CD-rom *kōpaepae*

computer game *tākaro rorohiko*

computer programmer *kaituhi pūmanawa*

computer *rorohiko*

copy; to copy *whakaahua (-tia)*

database *pātengi rarauranga*

desktop *papamahi*

disk drive (unit) *puku rorohiko*

disk *kōpae*

diskette *kōpaepae*

e-mail *karere rorohiko*

file *kōnae*

font *momotuhi*

format (a disk) *whakataka*

format (layout); to format *whakatakoto (-ria)*

graphics software *pūmanawa whakairoiro*

hard drive *kōpae matua*

hardware *pūrere rorohiko, taputapu rorohiko*

indent *nuku, neke*

internet *ipurangi*

italic *tītaha*

keyboard *papa patopato*

memory *pūmahara*

monitor *kaupane*

mouse *kiore*

network *kōtuitui*

operating system *pūmanawa whakahaere*

plain (font style) *tōkau*

printer *pūreretā*

save *pupuri (-hia)*

scanner *matawai*

server *tūmau*

software *pūmanawa*

spreadsheet *ripanga*

underline *tāraro*

webpage *whārangi tukutuku*

website *tūranga tukutuku*

word processor *punenga kupu*

workstation *taupuni mahi*

World Wide Web (WWW) *tukutuku ao whānui*

14 Food — *Ngā kai*

apple *āporo*

banana *panana*

beef *mīti kau*

biscuit *pihikete*

blackberry *parakipere*

bread *parāoa*

breakfast *parakuihi*

butter *pata*

cabbage *kāpeti*

carrot *kāreti*

celery *herewī*

cereal *pata kai*

cheese *tīhi*

chicken *mīti heihei*

chilli (pepper) *hirikakā*

chips (potato) *maramara rīwai*

chocolate *tiakarete*

cholestorol *ngakototo*

chutney *kīnaki*

coffee *kawhe*

cooked *maoa, maoka*

cup of tea *kapu tī*

delicious *reka*

dinner *tina*

egg *hēki*

fat *hinu*

fish *ika*

french fries *rīwai parai*

fruit juice *waihonga*

fruit *hua, hua rākau*

grain *pata*

hamburger *hamipēka*

honey *miere*

ice cream *aihikirīmi*

jam *tiamu*

junk food *kai paraurehe*

kiwifruit *hua kiwi*

lamb *mīti reme*

lettuce *rētihi*

loaf *rohi*

lolly, candy *rare*

meat *mīti*

milk *miraka*

mutton *mīti hipi*

nut *nati*

oil *hinu*

onion *rīki*

orange *ārani*

pasta *pāketi, parāoa rimurapa*

pear *pea*

pepper *pepa*

pizza *parehe*

pork *mīti poaka*

porridge *pāreti*

potato *rīwai, taewa*

pudding *pūrini*

pumpkin *paukena*

rice *raihi*

roast, cook in oven *tao (-na)*

salt *tote*

sandwich *hanawiti*

sausage *hōtiti, tōtiti*

soft drink *waireka*

spaghetti *pāketi*

sugar *huka*

sweet potato *kūmara*

takeaways *kai hokohoko*

taste *hā*

tea bag *kori tīraurau*

tea *tī*

tomato *tōmato*

vegetable *hua whenua*

yoghurt *miraka tepe*

15 In the country — *I te taiwhenua*

bark *auau (-tia), pahupahu (-tia)*

barley *pāre, pārei*

bull *pūru*

bush, forest *ngahere*

calf *kāwhe, punua kau*

cattle *kau*

chicken *pīpī (heihei)*

corn *kānga*

cow *kau*

crow *tangi (-hia)*

deer *tia*

dog *kurī*

duck *rakiraki*

ewe *hipi uwha*

farm *pāmu*

farm bike *motopaika pāmu*

farmer *kaiahuwhenua, kaipāmu*

farming, agriculture *ahuwhenua*

fence *taiapa, taiepa*

field *whīra*

foal *punua hōiho*

goose *kuihi*

grape *kārape, kerepe, hua wāina*

grass *karāihe, karaehe, mautī*

harvest *hauhake (-tia)*

hay *hei*

hen *heihei, tīkaokao*

horse *hōiho*

kennel *whare kurī*

lamb *reme*

maize *kānga*

mare *hōiho uwha*

muster *whakahiato (-hia), whakataka (-ina)*

ride *eke (-a)*

oats *ōti*

paddock *pātiki*

pig *poaka*

pig sty *whare poaka*

piglet *punua poaka*

puppy *punua kurī*

rabbit *rāpeti*

ram *hipi toa, rāme*

rooster *tame heihei, pīkaokao*

shearing; shear *kuti hipi*

sheep *hipi*

stallion *tāriana*

steer *tia*

tractor *tarakihana*

vine *aka*

vineyard *māra wāina*

wheat *wīti*

16 In town — *I te tāone*

ATM (automatic teller machine) *rorohiko whitiwhiti moni*
bank *pēke*
browse *whakaraparapa (-tia)*
butcher shop *piha, poihā*
buy *hoko (-na) mai*
car park *tūnga waka*
cent *heneti*
city *tāone nui*
cheque *haki, tieki*
clothing shop *toa hoko kākahu*
court *kōti*
dairy *toa*
dollar *tāra*
EFTPOS *whitiwhiti moni ā-hiko*
escalator *ara piki*
footpath *ara hīkoi*
grocery *toa hoko kai*
lift, elevator *ararewa*
McDonalds *Makitānara*

mall (shopping) *rohe toa tāuhi*
money *moni*
museum *papa tongarewa*
pedestrian crossing *whakawhitinga*
picture theatre *whare pikitia*
Pizza Hut *Whare Parehe*
play video games *tākaro ataata*
post shop *poutāpeta*
restaurant *whare hoko kai*
road *rori, huarahi*
salesperson *kaihoko*
sell *hoko (-na) atu*
shoe shop *toa hoko hū*
shop, store *toa*
street *tiriti*
suburb *moka tāone, tapa tāone*
supermarket *toa hokomaha*
tower *pourewa*
traffic lights *rama ārahi*
video parlour *whare tākaro ataata*

17 Education — *Te mātauranga*

biology *(mātauranga) koiora*
blackboard *papa tuhituhi*
calculus *tuanaki*
chemistry *(mātauranga) matū*
class *rōpū ako*
classroom *rūma ako, akomanga*
course *kura*
economics *ohaoha*
English *reo Ingarihi*
exchange student *ākonga whakawhiti*
food technology *hangarau kai*

geography *mātai matawhenua*
high school *kura teitei*
history *ngā kōrero o mua/neherā*
homework *mahi kāinga*
lesson *whakaakoranga*
Māori (language) *reo Māori, reo rangatira*
mathematics *pāngarau*
module *kōwae ako*
pharmacology *mātauranga taka rongoā*
physical education *whakakorikori tinana*
physics *(mātauranga) ahupūngao*

Education (continued)

polytechnic *kura tini*

primary school *kura tuatahi*

principal *tumuaki*

School Certificate *Kura Tiwhikete*

school subject *kaupapa ako, marau*

school *kura*

science *pūtaiao*

secondary school *kura tuarua*

social studies *tikanga-ā-iwi*

student *ākonga*

study time *wā akoranga*

teacher *kaiako, kaiwhakaako*

technology *hangarau*

timetable *wātaka*

total immersion *rumaki i te reo*

university *whare wānanga*

18 Transport — *Ngā waka hari tangata*

aeroplane *waka rererangi*

bicycle *paihikara, pahikara*

boat *poti*

bus route *ara pahi*

bus *pahi*

camper van *wakanoho, wakamoe*

canoe *waka*

car *motokā*

caravan *whare kumea, whare wīra*

drive *whakahaere (-a, -tia), taraiwa (-tia)*

ferry *perepoti, waka kawekawe*

get off, get out *heke (-a)*

get on, board *eke (-a)*

helicopter *rererangi pōwaiwai*

jet plane *rererangi pūkaha hū*

main road *ara matua*

motorcycle *motopaika*

oil *hinu*

paddle *hoe, oar*

petrol *penehīni*

petrol station *teihana penehīni*

puncture *poka*

road, street *ara, huarahi, rori, tiriti*

row, paddle *hoe (-a)*

sail *tere (-a), rere (-a)*

ship *kaipuke, pahī*

taxi *tākihi, tēkihi*

train *tereina*

ticket *tīkiti*

trailer *wākena tō*

train *tereina*

truck *taraka*

tyre *taea*

van *wākena*

vehicle *waka*

wheel *wīra, porohita, porowhita*

19 Work — *Te mahi*

accounting *mahi kaute*

accounts clerk *kaituhi kaute*

author, writer *kaituhi*

carpenter *kāmura*

company *kamupene*

coroner *kaiwhakawā o te kōti mō ngā tūpāpaku*

doctor *tākuta*

employer *kaituku mahi*

engineer *kaipūkaha*

entertainer *kaiwhakangahau*

funeral director *kaiwhakarite uhunga*

have work, have a job *whai mahi*

head office *tari matua*

job *tūranga, tūnga*

judge *kaiwhakawā*

lawyer *rōia*

nurse *tiaki tūroro*

office *tari*

officer *āpiha*

pharmacist *kaitaka rongoā*

position *tūranga, tūnga*

public relations officer *takawaenga*

salary *utu-ā-tau*

social worker *kaimahi-ā-iwi*

soldier *hōia*

taxi driver *kaitoko tēkehi*

teacher *kaiako, kaiwhakaako*

training scheme *whakahaere whakangungu*

wages *utu-ā-haora*

waiter *kaiwhakarato kai*

work *mahi*

worker *kaimahi*

20 Leisure, sport and pastimes — *Ngā mahi-a-rehia*

athletics *kaiaka*

baseball *poiuka*

basketball *poi tūkohu*

billiards *piriota*

bowls *maita*

coach *kaiwhakaako*

competition *whakataetae*

cricket *kirikiti*

electronic game *tākaro hiko*

exercise *whakakorikori tinana*

game, sport *hākinakina, tākaro*

golf *haupōro*

gymnastics *taka porepore*

hockey *hōki*

holiday *hararei*

martial arts *ruturutu*

netball *netipōro, poi tarawhiti*

party *pātī*

player *kaitākaro*

playing field, sports ground *papa tākaro*

rugby football *whutupōro*

rugby league *rīki*

running *omaoma*

skateboarding *retireti ā-papa wira*

skiing *retihuka*

softball *poi ngohengohe*

surfing *whakaheke ngaru*

swimming *kauhoe*

team *rōpū*

tennis *tēnehi*

ten-pin bowling *maita tekau pine*

touch rugby *whutupōro whakapā*

tourist *kaiwhakatāpoi*

video game machine *mihini ātea*

video games parlour *whare tākaro ataata*

volleyball *poirewa*

windsurfing *mirihau*

21 Clothing — *Ngā kākahu*

blouse *humeuma, hāketi, hikurere*

boots *pūtu*

bra *pari uma, kopeū*

coat *koti*

dress, frock *kaka, kākahu*

dressing gown *pueru whakakākahu, kaone tangatanga*

gumboot *kamupūtu*

hat *pōtae*

jacket *tiakete, koti poto*

jeans *tarau tāngari*

leotard *kahupiri*

nightie *kakamoe, kākahu moe*

pantyhose *marowae, pirikiri*

petticoat *panekoti*

put on *whakamau (-a)*

put on clothes, get dressed *whakamau kākahu*

pyjamas *kakamoe, kākahu moe*

rain coat *koti ua*

shirt *hāte*

shoe *hū*

shorts *tarau poto*

singlet *hingareti*

skin-tight clothing (lycra-type) *kahupiri*

slippers *hiripa*

socks, stockings *tōkena*

swimsuit *kākahu kaukau*

take off clothes, get undressed *tango (-hia) kākahu, unu (-hia) kākahu*

trousers, pants *tarau*

umbrella *hamarara*

underpants *tarau roto*

walking shoes *hū hīkoi*

accident and emergency unit (A and E) *taiwhanga mate whawhati tata*

appointment *whakaritenga*

asthma *huangō, kukume, ngoio, tīmohu*

bandage *takai*

cancer *mate ngau*

crutches *turupou*

cure, heal *whakaora (-tia)*

dead *mate*

death *mate*

dental nurse *nēhi ā-niho*

dentist *pou niho, rata niho*

diet *kai whakatinanga*

doctor *tākuta*

earache *taringa pākikini, taringa mamae*

exercise *korikori tinana*

filling (in tooth) *whakakīkī*

fitness *taha kaha, taha ora*

headache *kotiuru, ngāhoahoa*

healthy *ora*

heart attack *manawa-hē*

hospital *hōhipere*

hospital (base/regional) *hōhipere-ā-rohe*

infection *mate, whakapokenga*

injection *werohanga*

medicine *rongoā*

mental health *oranga hinengaro*

nurse *tiaki tūroro*

ointment *rongoā pani*

operation *pokanga*

optician *tohunga mōhiti, kaimātai whatu*

optometrist *tākuta whatu*

pharmacist *kaitaka rongoā*

plaster cast *pāpāuku*

plaster *whakapiri*

psychiatric hospital *hōhipere mate hinengaro*

sick *māuiui*

sore *mamae, mate*

specialist *mātanga*

stroke *ikura roro*

surgeon *rata kokoti, tākuta kokoti*

surgery *whare rata, whare tākuta*

toothache *niho tunga*

treat *whakamaimoa (-tia)*

treatment *maimoatanga*

vitamin *ranuranu, matū ora*

ward *takotoranga tūroro*

well *ora*

wheelchair *kōrea*

GUIDE TO GRAMMAR AND STRUCTURES

- Pronouns
- About "of" in Māori
- Possessive Pronouns
- Indicating the Action
- Neuter Verbs
- Saying "No"
- Questions, Questions
- Word Building

PRONOUNS

1   Referring to one person

au/ahau[1,2]	I, me
koe	you
ia	he, she, it

[1] Most times you can choose whether to use *au* or *ahau*. However, you cannot have the personal article *a* in front of *ahau*. For *au* you say, for example, *ki a au*, but for *ahau* you must say *ki ahau*.

[2] *Awau* and *wau* are dialect variations commonly heard on the East Coast of the North Island.

2   Referring to two people

tāua	we, us (you and I) (the speaker **includes** the listener)
māua	we, us (he/she and I) (the speaker **excludes** the listener)
kōrua[1]	you
rāua	they, them

[1] *Kōurua* is a common variation used from Auckland north.

3   Referring to more than two people

tātou[1,2]	we, us (you and I) (the speaker **includes** the listener/s)
mātou[1,2]	we, us (they and I) (the speaker **excludes** the listener/s)
koutou	you
rātou[1,2]	they, them

[1] *Tātau*, *mātau* and *rātau* are common dialect variations used in the Bay of Plenty area.

[2] The long first *ā* on these pronouns is sometimes pronounced as a short *a*, particularly in the Te Arawa region.

ABOUT "OF" IN MĀORI

Possessives

In this section we attempt to explain some uses of possessives in Māori, with some notes on the cultural background to these.

"Possessors" and "what is possessed"

We use these terms a lot in this section. Here are some examples to help make it clear what they mean. "Possessor" words in parentheses (like this) mean that the identity of the possessor is implied by the possessive pronoun.

Statement	Possessor	Possessed
Arā āna pukapuka. *(There are her books.)*	(ia)	pukapuka
Kei hea te waireka a Kim? *(Where's Kim's soft drink?)*	Kim	waireka
He kiore tā rāua mōkai. *(Their pet is a mouse.)*	(rāua)	mōkai
Ko tōu rongoā tēnā. *(That's your medicine.)*	(koe)	rongoā
Ko tēnei tāku tāne. *(This is my husband.)*	(au)	tāne
Ngā kai o Tairanga. *(The foods of Thailand.)*	Tairanga	kai

Ā *and* Ō *categories*

When you make "of" statements in Māori, you need to take into account the relationship between who or what is the possessor and who or what is possessed. Māori sorts this relationship into one of two major categories, which show themselves in a group of small and very common words. See the tables on pages 89-92. You will notice that the words are mostly in pairs and look the same, apart from one letter — some contain *ā* and some contain *ō*.

So the quick way of describing the different relationships is to say whether they fit into either the *ā* or the *ō* categories.

Understanding the ā *and* ō *categories*

Language reflects culture, and the *ā/ō* categories reflect a Māori view of the world. This is a view steeped in its own traditions. Some of these may be hard for people today to understand. Nevertheless, the different forms of possessives are a basic part of daily language, and as a student of Māori you will be constantly coming across them. In the first place, you need to be aware of the various forms, and, as your command of the language increases, use them with confidence.

The categories and their groupings listed on pages 84-86 are a general guide only. The use of *ā* and *ō* varies depending on how the person making the statement sees the relationship between the possessor and the person or thing that is possessed. See the section **"Three key questions"** on pages 87-88 if you want help in refining your understanding further.

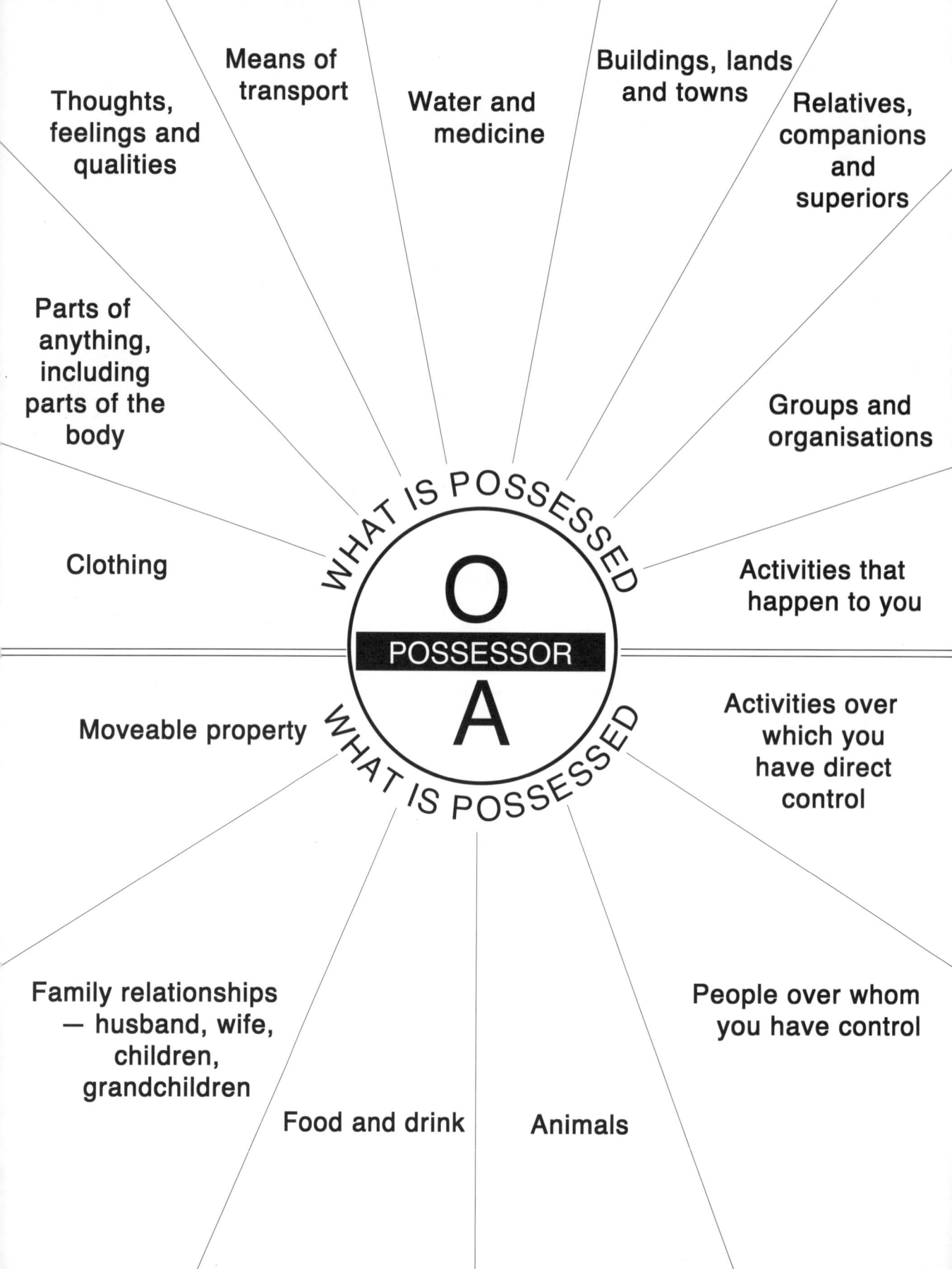

Ā groupings

You use the **ā** form in statements where:
- the possessor exercises influence or control over what is possessed *or*
- the concept of private ownership is uppermost.

The following groups fall into this category.

• *Moveable property*
(but not clothing or any means of transport)

Te pēne a Hori. George's pen.
Arā āna pukapuka. There are her books.

• *Food and drink*
(but not water)

Kei hea te waireka a Kim? Where's Kim's softdrink?
Kua kainga katoatia tā tāua tiakarete. Our chocolate is all eaten.

• *These family relationships: husband, wife (or intimate partner); children, grandchildren*

Ko tērā te wahine a Paora. That is Paora's wife.
Ko tērā te tāne a Rīpeka. That is Rebecca's husband.
Anei āku mokopuna. Here are my grandchildren.

• *People over whom the "possessor" can exercise control*

Kei te whakaako ia i āna ākonga. She is teaching her students.
Nāna ēnei kaimahi. These are his workers.

• *Animals*

He kiore tā rāua mōkai. Their pet is a mouse.
Kotahi rau āna kau. She has one hundred cows.

• *Activities over which the "possessor" has direct control*

He kuti hipi tāna mahi. His job was shearing sheep.
Anei tētahi waiata mā Kiriona. Here is a song for Kiriona (to sing).

Ō groupings

You use the **ō** form in statements where:
- the possessor has a relationship of respect for what is possessed *or*
- what is possessed in some way exercises control over the possessor *or*
- there is a strong element of communal ownership.

The following groups fall into this category.

• *Parts of anything including parts of the body*
(in the sense that the whole has "control" over its various parts)

Kei te mamae te ihu o Paki. Paki's nose is sore.
He nui ngā rūma o te whare. The rooms of the house are big.

• Clothing

(traditionally clothing was made from communal resources)

Anā tōna pōtae. There's his hat.
He hū hou ō Sean. Sean has some new shoes.

• Feelings, thoughts and qualities

Ki tōku whakaaro, he tika tēnā. As far as I'm concerned, that's right.
He nui te aroha o ngā tamariki ki a ia. The children love him dearly.
Nā tōna tere ia i toa ai. Because of her speed she won.
Ka nui te riri o Perina. Perina was very angry.

• Transport (including the horse)

Ko Mātaatua tō mātou waka. Our canoe is Mātaatua.
Arā te hōiho o Hōne.   There's John's horse.

• Water and medicine

(water is a communal resource and traditionally medicine was made from communal resources)

Hōmai he wai mōku.   Give me some water, please.
Ko tōu rongoā tēnā.   That's your medicine.

• Buildings, land, towns

Kei hea te kura o tēnei tamaiti? Where is this child's school?
Kua hokona e ia ōna whenua. He has sold his lands.

• Family relationships (other than husband, wife, children and grandchildren), companions and superiors

Ko tērā kaumātua tō tāua rangatira. That kaumatua is our chief.
Ko rāua ōku mātua. They are my parents.
Mauria mai ō koutou hoa. Bring your friends.

• Groups and organisations

Ko ia te Mema Paremata nō te Tai Tokerau. She's the MP for Northern Māori.
Ko te poari kaiwhakahaere o te kura. The board of trustees of the school.

• Activities that happen to the "possessor"

I kite ia i te kainga o te ika e Tex. He saw the fish being eaten by Tex.
Anei tētahi waiata mō Kiriona. Here is a song about Kiriona.

As an alternative ...

... to checking through these categories, try asking the three questions on pages 87-88 about the relationship between possessor and what is possessed.

Three key questions for choosing possessive forms

To help to choose which possessive form to use, try asking the following three questions about the relationship between possessor and what is possessed. The questions need to be asked in this order.

1   Is there a question of place or location?

If the answer is 'yes' then *ō* forms are used. For example:

Ngā kai o Tairanga. The foods of Thailand.
Ngā iwi o te ao. The peoples of the world.

Here *ō* forms are used because the thing uppermost in the statement is the location of the foods or the people.

You will also see in the first example that *o* is used even though food is listed as *ā* category in the table. This is because there is no sense of control or private ownership. It is the location or identity of the foods that is the important thing.

2   Is there a question of control or private ownership?

If the answer is 'yes', then *ā* forms are used. For example:

(a) *Anei he kai māu.* Here's some food for you.

In this example, the *ā* form is used because it is a question of control. The person is going to eat the food. Eating something obviously means you have control over it.

(b) *Ko ēnei ngā kau a Hata.* These are Hata's cows.

Here, the *ā* form is used because Hata has control over the cows. He can sell them or have them sent off to the works. *Ā* is also used because it is a question of private ownership.

(c) *Ko tēnei tāku tāne.* This is my husband.

In this example, it is a question of a private relationship. The relationship between a husband and wife is private, one over which both parties have control. This relationship is different from other communal relationships with other whānau members.

(d) *Ko Rewi te tama a Pita.* Rewi is Pita's son.

In this example, the *ā* form is used because parents have control, or should have, over their children.

(e) *Anā tā mātou taonga whakaata hou.* That's our new television.

In this example, the television set has been bought and is owned by the people in question. They have control over it. It is owned privately by them.

3   Is there a question of respect or communal ownership?

If the answer is 'yes' to this question, or the answers to the two previous questions have been 'no', then the *ō* form must be used. For example:

(a) *Hōmai he wai mōku.* Give me some water.

Water is something that comes from a natural source such as a spring, a lake or a river. You do not have private ownership of water sources. Ownership is communal. Therefore an *ō* form is used with water. However, if you were talking about a soft drink you would use an *ā* form, because soft drink is regarded as a form of food, as something you control.

(b) *Anei tōna rongoā.* Here is his medicine.

Medicine traditionally was something that came from plants or trees or other natural sources. It came from sources that were owned communally. There were appropriate karakia and rituals associated with the making and use of natural medicines. Proper respect needed to be demonstrated at all stages. For these reasons the *ō* forms are used with medicines.

(c) *Ko Tainui tō rāua waka.* Tainui is their canoe.

Means of transport were owned communally and highly treasured. Numerous karakia and rituals were performed to demonstrate proper respect and veneration. Hence, canoes and other forms of transport require the *ō* form.

The horse also takes *ō* because it was thought of a means of transport that needed to be respected. Initially, it was not thought of as a privately owned animal. This use of *ō* with the horse has carried over to today.

(d) *Ko tēnei tōku whare hou.* This is my new house

Buildings take *ō* because they were made of natural resources from the forest of Tāne. These resources were communally owned. Proper rituals were carried out and respect was shown at all stages of the life of a building.

Land also was communally owned and something that greatly influenced your life. If you didn't respect it would cease to sustain you. Therefore the *ō* form is used with land.

(e) *Ko Ngā Roimata te whaea o Hera.* Ngā Roimata is Hera's mother.

In this example, custom requires you to respect your parents, your siblings and your elders. Therefore *ō* is used with these relationships

If you're still not sure after having answered these three questions, you may need to look at the categories again.

POSSESSIVE PRONOUNS

A   "General purpose" possessive pronouns

These are the most commonly used possessive pronouns in Māori. When these are used, the speaker is making no particular comment on whether ownership is temporary, actual or permanent.

1   Belonging to one person

Pronoun	Possessive pronoun			Comment
	Ā form	Ō form	Neutral[1]	
au, ahau	tāku	tōku	taku	my (singular[2])
	āku	ōku	aku	my (plural[3])
koe	tāu	tōu	tō	your (singular)
	āu	ōu	ō	your (plural)
ia	tāna	tōna	tana	his, her (singular)
	āna	ōna	ana	his, her (plural)

[1] These neutral forms can be used in place of both the ā and ō category forms. They are common in modern spoken Māori. They can only be used in front of a noun, never by themselves.

[2] Singular = a single possession

[3] Plural = more than one possession

2   Belonging to two people

Pronoun	Possessive pronoun		Comment	
	Ā form	Ō form		
tāua	tā tāua	tō tāua	our (singular[1])	= your and my — speaker
	ā tāua	ō tāua	our (plural[2])	includes listener
māua	tā māua	tō māua	our (singular)	= your and my — speaker
	ā māua	ō māua	our (plural)	excludes listener
kōrua	tā kōrua	tō kōrua	your (singular)	
	ā kōrua	ō kōrua	your (plural)	
rāua	tā rāua	tō rāua	their (singular)	
	ā rāua	ō rāua	their (plural)	

[1] Singular = a single possession

[2] Plural = more than one possession

3 Belonging to three or more people

Pronoun	Possessive pronoun		Comment	
	Ā form	Ō form		
tātou	tā tātou	tō tātou	our (*singular*[1])	= your and my — *speaker*
	ā tātou	ō tātou	our (*plural*[2])	**includes** listener/s
mātou	tā mātou	tō mātou	our (*singular*)	= their and my — *speaker*
	ā mātou	ō mātou	our (*plural*)	**excludes** listener/s
koutou	tā koutou	tō koutou	your (*singular*)	
	ā koutou	ō koutou	your (*plural*)	
rātou	tā rātou	tō rātou	their (*singular*)	
	ā rātou	ō rātou	their (*plural*)	

[1] Singular = a single possession

[2] Plural = more than one possession

B Possessive pronouns with *nā* and *nō* — emphasising actual ownership

The forms *nā* and *nō* are used when the speaker wants to stress actual or permanent ownership. They can often be translated by the English "belonging to". In addition, *nō* is often used in the sense of "from" (a place).

Nā and *nō*, like *ā* and *ō*, combine with nouns and names.

Nā te tāne rā te kau nei. This cow belongs to that man.
Nā wai ēnei pouaka? Whose are these boxes?
Nō hea koe? Where are you from?
Nō Ōtautahi au. I'm from Christchurch.

They also combine with pronouns. However, the *nā*/*nō* forms of possessive pronouns don't distinguish whether what is owned is singular or plural.

1 Belonging to one person

Pronoun	Possessive pronoun		Comment
	Ā form	Ō form	
au, ahau	nāku	nōku	mine, belonging to me
koe	nāu	nōu	yours, belonging to you
ia	nāna	nōna	his/hers, belonging to him/her

2 Belonging to two people

Pronoun	Possessive pronoun		Comment
	Ā form	Ō form	
tāua	nā tāua	nō tāua	ours, belonging to us = your and my — *speaker **includes** listener*
māua	nā māua	nō māua	ours, belonging to us = his/her and my — *speaker **excludes** listener*
kōrua	nā kōrua	nō kōrua	yours, belonging to you
rāua	nā rāua	nō rāua	theirs, belonging to them

3 Belonging to three or more people

Pronoun	Possessive pronoun		Comment
	Ā form	Ō form	
tātou	nā tātou	nō tātou	ours, belonging to us = your and my — *speaker **includes** listener/s*
mātou	nā mātou	nō mātou	ours, belonging to us = their and my — *speaker **excludes** listener/s*
koutou	nā koutou	nō koutou	yours, belonging to you
rātou	nā rātou	nō rātou	theirs, belonging to them

C Possessive pronouns with *mā* or *mō* — emphasising intended ownership

The forms *mā* and *mō* are used when the speaker wants to emphasise future ownership. They can often be translated by the English "for". In addition, *mō* is often used in the sense of "about".

Mā and *mō*, like *ā* and *ō*, combine with nouns and names.

Mā te tāne rā te kau nei. This cow is for that man.
Mā wai ēnei pouaka? Whose are these boxes for?
Mō wai ēnā kākahu? Who are those clothes for?
Mō Rewi te kōrero nei. This story is about Rewi.

They also combine with pronouns. However, the *mā/mō* forms of possessive pronouns don't distinguish whether what is owned is singular or plural.

1 Will belong to one person

| Pronoun | Possessive pronoun | | Comment |
	Ā form	Ō form	
au, ahau	māku	mōku	for me
koe	māu	mōu	for you
ia	māna	mōna	for him/her

2 Will belong to two people

| Pronoun | Possessive pronoun | | Comment |
	Ā form	Ō form	
tāua	mā tāua	mō tāua	for us = you and me — *speaker* **includes** *listener*
māua	mā māua	mō māua	for us = him/her and me — *speaker* **excludes** *listener*
kōrua	mā kōrua	mō kōrua	for you
rāua	mā rāua	mō rāua	for them

3 Will belong to three or more people

| Pronoun | Possessive pronoun | | Comment |
	Ā form	Ō form	
tātou	mā tātou	mō tātou	for us = you and me — *speaker* **includes** *listener/s*
mātou	mā mātou	mō mātou	for us = them and me — *speaker* **excludes** *listener/s*
koutou	mā koutou	mō koutou	for you
rātou	mā rātou	mō rātou	for them

INDICATING THE ACTION

This section is a summary of "verb markers", that group of little words and phrases which are constantly cropping up in Māori. When they are attached to verbs, they give the clues to:

- when the action takes place ("tense markers" and "*ai*")
- if there is some sense of command or obligation about the action ("mood markers")
- if there is an emphasis on who performs the action, rather than the action itself ("emphatic subject markers").

A   Tense markers

1   I

I is used to indicate the past. It marks the event simply as happening in the past. It does not indicate whether the event was completed or how long it lasted.

I haere au ki te tāone inanahi. I went to town yesterday.
I kau a Hinemoa ki Mokoia. Hinemoa swam to Mokoia.

However, if a sentence begins with an expression of past time, for example *inanahi* (yesterday), or *i tērā wiki* (last week), then *ka* is used before the action.

Inanahi ka haere au ki te tāone. I went to town yesterday.
I tērā wiki ka tae mai ia. She arrived last week.

2   Kei te[1]

Kei te is used to indicate the present and, sometimes, the future.

Kei te mahi ia. She is working
Kei te mahi tonu ia i te ahiahi nei. She'll still be working this afternoon.

[1] *Kei te* is much more common in Eastern Māori dialects than in Western and Northern, where *e ... ana* is often used instead.

3   I te[1]

I te is used to mark the past tense. It also indicates that the action was ongoing in the past.

I te kōrero tonu te tangata.   The man was still talking.

[1] *I te* is much more common in Eastern Māori dialects than in Western and Northern, where *e ... ana* is often used instead.

4   Ka

Ka is often used to introduce an action or state. You have to use context to tell whether it is happening in the past, present or future. If there are no other words in the sentence to indicate time, then it should be read as present.

Ka haere ia ki Ahitereiria ā tērā marama. He's going to Australia next month. (*future*)
Ka haere ia ki Ahitereiria i tērā marama. He went to Australia last month. (*past*)
Ka nui ngā kai. There's a lot of food. (*present*)
I te kōanga, ka horo te tupu o te pūhā. In the spring, puha grows fast. (*present*)

Ka is also used to mark a series of events in the past, present, and future.

Ka tū ia, ka kōrero i ōna whakaaro, ā, ka noho. He stood up, expressed his opinion and sat down.

5   E ... ana

E ... ana is used for actions that are continuing. They can be in the past, present or future, depending on the context.

E haere ana au ki te hoko kai āpōpō. I'm going to buy food tomorrow.
E kōrero ana ia i nāianei. He's talking now.
E mahi ana rātou inanahi. They were working yesterday.

It is used in preference to *kei te* and *i te* in Western and Northern Māori dialects.

If the action does not come first in the sentence or if, in the speaker's mind, the action is not the focus of the sentence, then *e ... ana* is used.

Kei korā ia e tū ana. He's standing over there.
Titiro ki tērā tamaiti e haututū ana. Look at that child being naughty.

6   Kua

Kua is most often used to mark past time. When this is the case, it marks a previous event that has relevance to the time when the statement is made. Look at these two sentences.

Kua tae mai ngā manuhiri inanahi. The visitors arrived yesterday. (*Implies ...* and we're still involved with hosting them.)
I tae mai ngā manuhiri inanahi. The visitors arrived yesterday. (*Implies ...* and I don't have to do anything about it now, or it's not affecting me now.)

Kua is often used where English uses "has", "have" or "had".

Kua horoi ia i ōna ringa. He has washed his hands.
Kua mutu te hui. The meeting has finished. (*or* The meeting is finished.)

Kua can imply that an action has begun.

Kua tangi te piana. The piano has started playing.
Kua toto tōna ihu. His nose has started bleeding. (*or* His nose is bleeding.)

Kua can be used to mark the future. In this case it implies certainty.

Kua haere au. I'm going (right now).
E kore e roa kua tīmata taku hoa. It won't be long before my friend starts. (*Implies ...* and that's a certainty.)

7   Ana

Ana can be used by itself after the verb. It is often used in storytelling.

Mutu ana te kai, ka wehe rātou.   When the meal was finished, they left.

8   Inā

Inā can be used within a sentence to refer to future time. It is not used with the main action of the sentence.

Inā tae mai koe, ka haere tātou. When you arrive, we can go.

9   No tense marker

Sometimes a verb can be used without a tense marker. However, in almost all cases there will be some other particle following the verb.

Haere tonu rātou, ā, ka tae ki te awa. They carried on and reached the river.
Mōhio tonu ia ko wai tērā tangata. He knew straightaway who that person was.
Mahi noa rātou, ā nāwai rā, ka oti te mahi. They worked on, and after a while the job was finished

10   E

Although it is rare, *e* can be used by itself before a verb to mark future time.
E whai koe i a ia ki tōna whare. You will follow him to his house.

B   *Ai*

Ai can be used after the verb in some dialect regions (but not in Tai Tokerau) to mark habit or frequency. It can be used in the sense of *often* or *used to* in English.

I ngā Mane haere ai ia ki te mahi. He goes to work on Mondays.
Waiatatia ai taua waiata i ngā tau o mua. That song was often sung in years gone by.

C   Mood markers

1   Me

Me expresses obligation, both moral and legal.

Me ako koutou i ēnei kupu. You should learn these words.
Me haere ngā tamariki ki te kura. Children have to go to school.

Formerly *me* was never followed by a verb with a passive ending, although the rest of the sentence could be passive in form.

Me horoi e koe ō ringa. You should wash your hands.

However, it is becoming more and more common for younger speakers of Māori to use passive suffixes on verbs introduced by *me.*

2   Kei

Kei can be used by itself before a verb as a warning.

Kei hinga koe! (Watch out or) you will fall!

It is also used as the equivalent of the English *lest* or *in case*.

Kua tere tōna haere kei tūreiti. He went quickly in case he was late.

3   Kia

Kia is used with an adjective to make the equivalent of a command.

Kia horo te kai! Eat quickly!

It can be also be used to express a wish.

Ko taku hiahia kia hokona mai e koe he waka hou. I wish you'd buy me a new car.

D   Emphatic subject markers

These are used to make the statement's emphasis the performer of the action, not the action itself.

1   Future emphatic – mā +subject ... e +verb

Mā Pita te kau e miraka. **Pita** will milk the cow.
Māna koe e arataki. **She** will guide you.

2   Past emphatic – nā + subject ... i + verb

Nā Pita te kau i miraka. **Pita** milked the cow.
Nāna koe i arataki. **She** guided you.

NEUTER VERBS

Māori has a special class of verbs called "neuter verbs". These are sometimes called "statives", because they show the state of things after an action has happened. Here are the most common ones. Their English translations are often the past form of verbs. Note how many in this list end in "–ed".

ea	paid for, avenged
mahue	left behind
mākona	satisfied, full (of food)
marara	scattered
marū	bruised
mau	caught, seized
motu	severed, cut off
mutu	finished
oti	completed
pā	struck
pakaru	broken
pau	used up, exhausted
poto	all dealt with
rato	provided
riro	obtained, acquired
takoki	sprained
tū	wounded
whara	hurt, injured
whati	snapped

Neuter verbs are passive in meaning — the subject has been acted upon to bring it to this state.

Kua pau ngā kai. The food is all gone (has been consumed).
Kua whara ia. She is (has been) hurt.

The agent (person or thing) who performs the action is introduced by *i*.

Kua mau te kurī i a ia. He caught the dog. (The dog was caught by him)
Kua mahue a Rachel i te pahi. Rachel missed the bus. (Rachel was left behind by the bus)

SAYING NO

A Negative Verb Markers

	Positive verb markers	Negative verb markers
Future tense	Ka *Ka kōrero ia ki tōna teina.*	Kaore ... e *Kāore ia e kōrero ki tōna teina.*
Present tense	Kei te *Kei te kōrero ia ki tōna teina.*	Kāore ... i te *Kāore ia i te kōrero ki tōna teina.*
	E ... ana *E kōrero ana ia ki tōna teina.*	Kāore ... e ...ana *Kāore ia e kōrero ana ki tōna teina.*
Past tense	E ... ana *E kōrero ana ia ki tōna teina*	Kāore ... e ...ana *Kāore ia e kōrero ana ki tōna teina*
	I te *I te kōrero ia ki tōna teina.*	Kāore ... i te *Kāore ia i te kōrero ki tōna teina.*
	Kua *Kua kōrero ia ki tōna teina.*	Kāore anō ... kia *Kāore anō ia kia kōrero ki tōna teina.*
	Ka *Ka kōrero ia ki tōna teina.*	Kāore ... i *Kāore ia i kōrero ki tōna teina.*
	I *I kōrero ia ki tōna teina.*	Kīhai/kāore ... i *Kīhai[1]/kāore ia i kōrero ki tōna teina.*
Commands	*Karanga!* (Call!)	***Kaua e[2]** karanga!* (Don't call!) ***Taihoa e** karanga!* (Don't call yet!) ***Kāti te[3]** karanga!* (Stop calling!)
	Karangatia! (Call (them)!)	***Kaua e** karangatia!* (Don't call(them)!) ***Taihoa e** karangatia!* (Don't call (them) yet!)

Notes

[1] *Kīhai* is mainly used in Tai Tokerau. *Kāore* or one of its variants is used elsewhere.

[2] *Kauaka e ...* and *kauaka hei ...* are alternatives to *kaua e ...*.

[3] *Kāti te ...* is rarely used with verbs with passive endings

B Negative statements of identity

Positive	Negative

Identifying a class or type

He *hōiho tērā.* (That's a horse.)   ***Ehara** tērā **i te** hōiho.* (That's not a horse.)

He *hōiho ērā.* (Those are horses)   *Ehara ērā **i te** hōiho.* (Those aren't horses.)

Identifying something specific

Ko te *hōiho tērā.* (That's the horse.)   **Ehara** *tērā* **i te** *hōiho.* (That's not the horse.)
Ko ngā *hōiho ērā.* (Those are the horses.)   **Ehara** *ērā* **i ngā** *hōiho.* (Those aren't the horses.)

C   Negative statements of quality and descriptive statements

Positive	*Negative*
He *kino tēnā.* (That's bad.)	**Ehara** *tēnā* **i te** *kino.* (That's not bad.)
Ko *ia* **te** *tangata tino iti rawa.* (He's the smallest person.)	**Ehara** *ia* **i te** *tangata tino iti rawa.* (He's not the smallest person.)

D   Negative statements of location

Positive	*Negative*
Kei *konei rāua.* (They are here.)	**Kāore** *rāua* **i** *konei.* (They are not here.)
I *konei rāua.* (They were here.)	**Kāore** *rāua* **i** *konei.* (They weren't here.)

E   Negative statements of possession

Positive	*Negative*
Kei *a ia tāku pukapuka.* (He's got my book.)	**Kāore** *i a ia tāku pukapuka.* (He doesn't have my book.)
He *tuakana tōna.* (She has an older sister.)	**Kāore** *ōna¹ tuākana.* (She doesn't have an older sister.)
Nōku *te koti pango.* (The black coat is mine.)	**Ehara** *i a au te koti pango.* (The black coat isn't mine.)
Nā *Makarena tērā tamaiti.* (That's Makarena's child.)	**Ehara** *i a Makarena tērā tamaiti.* (That's not Makarena's child.)

1 A plural possessive is always used in this negative form.

F   There is / are / was / were no ...

Kāore he *kapua i te rangi*   There's **not** a cloud in the sky.
Kāore he *tāngata i te marae.*   There was **no**body at the marae.
Kāore he *whakatina o ngā motokā tawhito*   There were **no** safety belts in old cars.

G   Never

Kore rawa *ia* **i** *tae mai.*   He **never** arriv**ed**.
E kore *ia* **e** *haere mai.*   He **will never** come.

H   Not at all

Kāore kau *a Kirsten i kōrero.*   Kirsten did**n't** speak **at all**.

QUESTIONS, QUESTIONS

Interrogatives in Māori such as *wai, aha* and *hea* are always accompanied by other little words. These turn them into phrases that put the questions in context.

• *Asking "who?"*

Ko wai rā?	**Who**? (*reactive*)
Ko wai ia?	**Who** is she? (*subject*)
	(*present or past, depending on context*)
Ko wai mā ēnei tāngata?	**Who are** these people? (*subject*)
	(*present or past , depending on context*)
Kei te kōrero koe ki a wai?	**Who** are you talking **to**? (*object*)
Kei te kite koe i a wai?	**Who** can you see? (*object*)
Mā wai tēnei mahi e mahi?	**Who will** do this job? (*future*)
Nā wai ngā pereti paru i horoi?	**Who** washed the dirty dishes? (*past*)
Kei a wai tāku pene?	**Who has** my pen? (*present*)
I a wai tāku pene?	**Who had** my pen? (*past*)
Nā wai tēnei pene?	**Whose** pen is this?

• *Asking "what?"*

He aha?	**What**? (*reactive*)
He aha tēnei? He pene tēnā.	**What** is this? (=*What class of object is this?*) It's a pen.
Kei te aha tērā tangata?	**What** is that person **doing**?
E titiro ana koe ki te aha?	**What** are you looking **at**?
E kite ana koe i te aha?	**What** can you see?
Kei te haere ia ki te aha?	**What** is she going **to do**?
Kei roto aha ia?	**What** is he in?
Kua whiwhi aha koe?	**What** did you **get**?
I ahatia ia?	What **happened to** him?
Me aha au?	**What should** I **do**?

• *Asking "where?"*

Kei hea?	**Where**? (*reactive*)
Kei hea ia?	**Where is** he?
I hea koe?	**Where were** you?
E haere ana koe ki hea?	**Where** are you going?
Kei te noho koe ki whea?	**Where** are you sitting?
Kei te noho koe i hea?	**Where** are you living?
E haere mai ana a Mere i whea?	**Where** is Mary coming **from**?
Nō hea koe?	**Where** are you **from**?

Note: *hea* and *whea* are alternatives.

• Asking "why?"

He aha ai?	**Why?** (reactive)
He aha koe i haere ai ki te kāinga?	**Why** did you go home?
He aha koe i kore ai e haere ki te tāone?	**Why** didn't you go to town?
Nā te aha ia i pukuriri ai?	**Why** is he angry?
Nā te aha i pērā ai tōna pukuriri?	**Why** is he **so** angry?

Note: in most cases the forms *he aha … ai* and *nā te aha … ai* are interchangeable.

• Asking "how?"

Kei te pēwhea koe?	**How** are you?
He pēhea te pikitia?	**What** is / was the film **like?** (*or* **How** was the film?)
Pēwhea te rahi o te whare?	**How** big is the house?
I pēhea tōna hokinga ki te kāinga?	**How did** he get back home?

Note: *pēhea* and *pēwhea* are alternatives.

• Asking "how much, how many?"

Tokohia ngā tāngata i te hui?	**How many** people were at the hui?
E hia ngā tīkiti e toe ana?	**How many** tickets are left over?
Kia hia?	**How many** (do you want)?

Note: the prefix *toko-* is usually added to *hia* when asking how many people. However, some dialects hardly ever use the *toko-* form, preferring to use the *e hia* form at all times.

• Asking "which?"

Ko tēwhea?	**Which one?** (*reactive*)
Ko tēwhea māku?	**Which one** is for me?
Kei te kōrero koe i tēhea pukapuka?	**Which** book are you reading?
Ko ēwhea kei roto i te pouaka nā?	**Which ones** are in that box?

Note: *tēhea* and *ēhea* are alternatives to *tēwhea* and *ēwhea*.

• Asking "when?"

Nōnahea / inahea?	**When** (was that)? (*reactive — past*)
Āhea?	**When** (will that be)? (*reactive — future*)
Āwhea koe haere ai?	**When will** you go?
Nōnahea koe i haere ai?	**When did** you go?
Inahea koe i tae mai ai?	**When did** you arrive?

Note: *inahea* and *nōnahea* are alternatives, as are *āhea* and *āwhea*.

WORD BUILDING

Reduplication

A number of words in Māori are able to be partially or wholly redoubled. For some nouns, it does not affect the meaning.

ringa, ringaringa hand, arm
wae, waewae   leg, foot

For other nouns the doubled word may have a different meaning.

kiri skin   *kirikiri*   shingle, gravel
ahi   fire   *ahiahi*   late afternoon, evening

When a verb is doubled is usually indicates that the action is repeated.

Kua noho rātou. They sat down (*at the same time*).
Kua nohonoho rātou.   They sat down (*at different times*).
I tae rātou ki te hōtera. They arrived at the hotel (*together*).
I taetae rātou ki te hōtera.   They arrived at the hotel (*at different times*).

If a word is one or two syllables it may be partially doubled or fully doubled

kume   to pull
kukume   to pull with a jerk
kumekume to pull repeatedly

If the base word has three or more syllables only two of them will be doubled.

mārohi   *mārohirohi*
pātai   *patapatai*
takahi   *takatakahi*
kōrero   *kōrerorero*

Sometimes adjectives can de doubled when used in a plural sense.

pai   papai
kino   kikino
nohi   nonohi, nohinohi
nui   nunui

However, not all nouns, verbs and adjectives can be fully or partially doubled in Māori. You have to learn over time which can and which can't.

The prefix *kai-*

Kai can be added to an action to mean the person who does that action

waiata   sing
kaiwaiata singer
mahi   work
kaimahi   worker
āwhina   help
kaiāwhina helper

whakahaere	to organise
kaiwhakahaere	organiser

The prefix *whaka-*

When *whaka-* is added to a verb or neuter verb, it means to make or cause the action to happen or begin.

haere	to go
whakahaere	to make go, operate, organise
moe	to sleep
whakamoe	to make ... go to sleep
mutu	ended
whakamutu	to finish

Whaka- can also be added to a noun. In doing so, it creates a verb that means to take on the characteristics of that noun.

tinana	body
whakatinana	to embody
kōhatu	stone
whakakōhatu	to turn to stone, petrify

Whaka- can be added to certain location words such as *runga, raro, roto, waho, mua* and *muri* to give the meaning of towards, in the direction of.

titiro whakarunga	look upwards
haere whakamua	go forwards
titiro whakamuri	look back

Making phrases with *-ā-*

Verbs and nouns can be modified by *-ā-* phrases. It is also a useful way of forming new words. You may leave out the first hyphen but not the second.

noho-ā-kapa (*noho ā-kapa*)	sit in rows
pānui-ā-waha (*pānui ā-waha*)	dictate
arotake–ā-tau (*arotake ā-tau*)	annual review
hōhipere-ā-rohe (*hōhipere ā-rohe*)	regional hospital
kaimahi-ā-iwi (*kaimahi ā-iwi*)	social worker